हिन्दुस्तानी ग़ज़लें

हिन्दुस्तानी ग़ज़लें

110 लोकप्रिय शायरों की चुनी हुई ग़ज़लें

सम्पादक

कमलेश्वर

सहयोग

दीक्षित दनकौरी

राजपाल

ISBN : 9788170284918

संस्करण : 2014

© कमलेश्वर

HINDUSTANI GHAZALEN (Poetry)

(Selected Ghazals by Eminent Urdu and Hindi Poets)

Edited by Kamleshwar

राजपाल एण्ड सन्ज़

1590, मदरसा रोड, कश्मीरी गेट-दिल्ली-110006

फोन: 011-23869812, 23865483, फैक्स: 011-23867791

e-mail : sales@rajpalpublishing.com

www.rajpalpublishing.com

www.facebook.com/rajpalandsons

हिन्दुस्तानी ग़ज़लें

◆

ग़ज़ल के इतिहास में जाने की ज़रूरत मैं महसूस नहीं करता। साहित्य की हर विधा अपनी बात और उसे कहने के ढब से, संस्कारों से फ़ौरन पहचानी जाती है। ग़ज़ल की तो यह ख़ास ख़ासियत है। आप उर्दू जानें या न जानें, पर ग़ज़ल को जान भी लेते हैं और समझ भी लेते हैं। जब 13वीं सदी में, आज से सात सौ साल पहले हिन्दी खड़ी बोली के बाबा आदम अमीर खुसरो ने खड़ी बोली हिन्दी की ग़ज़ल लिखी :

जब यार देखा नयन भर दिल की गई चिंता उतर,
ऐसा नहीं कोई अजब राखे उसे समझाय कर।
जब आँख से ओझल भया, तड़पन लगा मेरा जिया,
हक्का इलाही क्या किया, आँसू चले भर लाय कर।
तू तो हमारा यार है, तुझ पर हमारा प्यार है,
तुझे दोस्ती बिसियार है इक शब मिलो तुम आय कर।
जाना तलब तेरी करूं दीगर तलब किसकी करूं,
तेरी ही चिंता दिल धरूं इक दिन मिलो तुम आय कर!

तो ग़ज़ल का इतिहास जानने की ज़रूरत नहीं थी। अमीर खुसरो के सात सौ साल बाद बीसवीं सदी के बीतते बरसों में जब दुष्यंत ने ग़ज़ल लिखी :

कहाँ तो तय था चिरागाँ हरेक घर के लिए,
कहाँ चिराग़ मयस्सर नहीं शहर के लिए।

तब भी इतिहास को जानने की ज़रूरत नहीं पड़ी। जो बात कही गई, वह सीधे लोगों के दिलो-दिमाग़ तक पहुँच गई। और जब 'अदम' गोंडवी कहते हैं :

ग़ज़ल को ले चलो अब गाँव के दिलकश नज़ारों में,
मुसलसल फ़न का दम घुटता है इन अदबी इदारों में।

तब भी इस कथन को समझने के लिए इतिहास को तकलीफ़ देने की ज़रूरत नहीं पड़ती। ग़ज़ल एकमात्र ऐसी विधा है जो किसी ख़ास भाषा के बन्धन में बँधने से इनकार करती है। इतिहास को ग़ज़ल की ज़रूरत है, ग़ज़ल को इतिहास की नहीं !

अरबी-फारसी से लेकर उर्दू और हिन्दी तक इसने अब तक जो सदियों का सफ़र तय किया है वह इंसानी सफ़र की सोच है। वह चाहे दिली सोच रही हो या अपने समय की। इसीलिए ग़ज़ल कभी भी देशों या मज़हबों की सरहदों में क़ैद नहीं हो पाई। इसे ज़बरदस्ती रूहानी या आध्यात्मिक लिबास नहीं पहनाया जा सका। यह हमेशा इंसानी भावनाओं, उसकी सांसारिक सोच की ऊंचाइयों- गहराइयों और दुःख-सुख का साथ देती रही। ग़ज़ल ने दिल की कुदरती ख़लिश और दर्द को तराश कर और दिमाग़ी सोच की बेचैनियों को अल्फ़ाज़ का अमली जामा पहनाकर वह तहज़ीब पैदा की जो दिलो-दिमाग़ की सरहदों पर होने वाले हमलों का मुकाबला सदियों से करती रही है और आज भी उसकी पहरेदारी कर रही है। ग़ज़ल एक साँस लेती, जीती-जागती तहज़ीब है! इसी तहज़ीब को हिन्दी और उर्दू ने अपनाया। यह विधा या तो सौन्दर्य की इबादत करती रही या सौन्दर्य को विकृत किए जाने के ख़िलाफ़ जद्दो-जहद में जुटी रही। इसने हर समय हर तरह, हमेशा इन्सान के सपनों का साथ दिया। जब-जब मनुष्य के सपनों को साहित्य ने उलझाया, ग़ज़ल ने उसे सुलझाया। इसीलिए दुष्यन्त को कहना पड़ा :

'मैं बराबर महसूस करता रहा हूँ कि कविता में आधुनिकता का छद्म, कविता को बराबर पाठकों से दूर करता चला गया है। कविता और पाठकों के बीच इतना फासला कभी नहीं था, जितना आज है, इससे ज्यादा दुःखद बात यह है कि कविता धीरे-धीरे अपनी पहचान और कवि अपनी शख़्सियत खोता चला गया है। ऐसा लगता है मानो दो दर्जन कवि एक ही शैली और शब्दावली में एक ही कविता लिख रहे हैं। और इस कविता के बारे में कहा जाता है कि यह सामाजिक और राजनीतिक क्रान्ति की भूमिका तैयार कर रही है। मेरी समझ में यह दलील खादी और यह वक्तव्य भ्रामक है। जो कविता लोगों तक पहुँचती ही नहीं, वह भला क्रांति की संवाहक कैसे हो सकती है?'

कोई सृजनात्मक लेखक-कवि साहित्य की ठहरी हुई या ग़लत सोच के कठघरों में क़ैद नहीं हो पाता। ग़ज़ल तो और भी आज़ाद है। यह तो बहुत से शायरों में नहीं आती। यह बड़ी फ़रार किस्म की विधा है। पकड़ में नहीं आती। आ जाती

है तो ता-ज़िन्दगी साथ निभाती है और शायर से ज़्यादा अपने समय और अपने इन्सान के काम आती है। सच पूछो तो ग़ज़ल एक याद की तरह है। सदियों की इंसानी सोच और सदमों में साँस लेने वाली विधा, जो यादों की तरह बार-बार लौट आती है। यही इसकी रचनात्मकता और तहज़ीब है।

याद! यानी स्मृति की यह परम्परा ही इन्सानी ज़िन्दगी के तमाम हादसों, सदमों और ओस जैसे आँसुओं को सँभालती है। स्मृति की परम्परा धर्म की परम्परा से ज़्यादा प्रगाढ़ है। साहित्य यह बताता है कि वह सीधे-सीधे तो नहीं, फिर भी धर्म के अच्छे पहलुओं को मंज़ूर करते हुए भी, धर्म के नाम पर वह अपनी स्मृति की परम्परा से अलग नहीं हो सकता। इसी स्मृति की परम्परा का एक बहुत महत्त्वपूर्ण अंग है भूगोल। व्यक्ति का धर्म, जाति, वर्ण या वंश कोई भी हो, वह अपना जन्म-स्थान यानी अपने नितांत निजी भूगोल को कभी नहीं भूल पाता। दुनिया का कोई ऐसा लेखक-शायर नहीं है जो अपनी जन्मभूमि की स्मृति को भुला सका हो। इस स्मृति का धर्म के साथ कोई नाता नहीं होता। बड़े-से-बड़े लेखक-कवि का बचपन देख जाइए, उसमें धर्म नहीं मिलेगा। यदि मिलेगा तो अपना घर, छप्पर, पेड़-पौधे, नदी-पोखर, टूटी या कच्ची धूल-भरी सड़क या पगडंडी, खेत-खलिहान या अपने मोहल्ले की बस्ती, दोस्त और साथी, पशु-पक्षी, मौसम और उनकी खट्टी-मीठी यादें। यही यादें शायरी में जब ढलती हैं तो दिल के अंदरूनी भूगोल के अक्स और नक़्श उभरने लगते हैं।

राही मासूम रज़ा के क्लैसिक उपन्यास 'आधा गांव' का ही एक अंश उठा लीजिए। फ़ौज में गया उसका एक पात्र जब युद्ध के मोर्चे से वापस लौटता है तो मज़हबी बहस के दौरान वह बड़ी तल्ख़ी, पर शत-प्रतिशत सच्चाई और ईमानदारी से लगभग इन शब्दों में कहता है : 'मोर्चे पर जब मौत सामने होती है तो मुझे (आदतन) अल्लाह तो याद आता है पर सबसे ज़्यादा मुझे अपना गंगौली गाँव और घर याद आता है...मुझे काबा याद नहीं आता, वह अल्लाह का घर है, ज़रूरत पड़ने पर वह अल्लाह को याद आता होगा...मुझे तो सिर्फ गंगौली का अपना घर याद आता है।'

सोचिए, आख़िर इन्सान की यह कौन सी बड़ी सच्चाई है जो धर्म-मज़हब की सच्चाई से भी बहुत ऊँची उठ जाती है! और वह तब, जब मौत जैसी खूँखार सच्चाई उसके सामने खड़ी होती है। आख़िर मौत के आगे तो कुछ नहीं है, यदि धर्म या मज़हब ही अन्तिम सत्य होता तो 'आधा गाँव' के उस मुसलमान पात्र

को 'काबा' याद आना चाहिए था या किसी हिन्दू पात्र को बद्री-केदार, राम जी या कृष्ण जी के मन्दिर याद आने ही चाहिए, पर ऐसा निश्चय ही नहीं होता है। अब मृतकों की गवाही तो एकत्रित नहीं की जा सकती, पर रामजन्मभूमि अभियान में जो कारसेवक अयोध्या गए थे, माना जा सकता है कि वे धर्म से अधिकतम जुड़े हुए लोग थे। उन पर गोली चली थी। उन्नीस रामसेवक वहीं अयोध्या में अस्थायी मन्दिर के सामने मारे गए थे। वे तो अब नहीं हैं, पर उन्हीं के साथ गोलियों की आकस्मिक मौत से जो बच गए थे, उन्हें वहीं मौजूद 'रामलला' की याद नहीं आई थी! नहीं तो मौत से बचने के बाद वे रामभक्त सबसे पहले 'रामलला' के आगे माथा नवाते या ईश्वर को याद करते हुए वे किसी तीर्थ स्थान या मन्दिर में जाते। लेकिन ऐसा नहीं हुआ। वे मौत से बच कर सीधे अपने घरों की ओर भागे थे। जेहादी मुस्लिम आतंकवादियों को ही ले लीजिए। वे तो धर्म के लिए धर्म के नाम पर ही बेगुनाहों या 'गुनहगारों' को मारते हैं। उनके संगठनों के नाम भी विशुद्ध रूप से धार्मिक हैं। जैसे जैश-ए-मुहम्मद अर्थात पैगंबर मुहम्मद की सेना, याकि लश्करे-तय्यबा अर्थात मज़हब की पवित्र फ़ौज ! अब इनसे ज़्यादा मज़हब में आस्था रखने वाला कौन होगा? लेकिन जब यह मज़हबी-जेहादी मारे जाते हैं तो इनकी जेबों से मक्का-मदीने की तस्वीरें नहीं निकलतीं, इनकी जेबों से अपने घरों, शादियों और घरवालों की तस्वीरें निकलती हैं। यह तस्वीरें यादों के सिवा क्या हैं? खूँखार से खूँखार आदमी भी अपनी यादों से मुक्त नहीं हो पाता।

मैंने आज तक दुनिया में ऐसा कोई व्यक्ति नहीं देखा जो धर्म, वर्ण, नस्ल या जाति पूछ कर दोस्ती करता हो या जिसकी दोस्ती का दायरा सिर्फ अपने धर्मवालों तक सीमित हो। इसे आप क्या कहेंगे? यह सच्चाई बताती है कि धर्म या मज़हब से पहले अपने आस-पास और जन्म की जगह वाली कुदरत से व्यक्ति का रिश्ता होता है। यह रिश्ता धर्म तय नहीं करता, उस दौर का अनुभव और बाद में उसकी स्मृतियाँ तय करती हैं। धर्म जब धीरे-धीरे मनुष्य के मन में जगह बनाता है, तब भी वह इन स्मृतियों को खंडित नहीं करता, धर्म और स्मृति में कोई स्पर्धा और वैमनस्य भी नहीं होता, धर्म का अपना विधि-विधान होता है। स्मृति का कोई विधि-विधान या कर्मकांड नहीं होता, इसीलिए संस्कृति के निर्माण में धर्म से अधिक स्मृति का अंशदान और योगदान होता है। संस्कृति लिखी नहीं जाती, वह स्व-निर्मित होती रहती है। संस्कृति का लिखित रूप ही साहित्य होता है। ग़ज़ल संस्कृति के इसी घराने की सदस्य और सबसे सुन्दर सौगात है! साहित्य अपने इन्सानी अनुभव और संवेदना से सांस्कृतिक सोच और मूल्यों को उदात्त

और बृहत्तर बनाता रहता है। संस्कृति मनुष्य की सामाजिक और सार्वजनिक चेतना है। उम्र के एक पड़ाव पर पहुंचकर धर्म नितांत व्यक्तिगत हो जाता है। एक ही धर्म के दो व्यक्तियों का धर्म एक दूसरे के काम नहीं आता। प्रत्येक व्यक्ति तब अपनी-अपनी स्मृतियों के बल पर सिर्फ़ अपनी मुक्ति की कामना करता है। वह एक धर्म के अनुसार एक धर्म कामना या मोक्ष की कामना नहीं करता। इसीलिए मैं स्मृति की परम्परा, जो कि सांस्कृतिक परम्परा की आधारभूमि है, बेहद महत्त्वपूर्ण मानता हूँ। भारतीय सभ्यता को स्मृति की इसी परम्परा ने जीवित रखा है, धर्म और धर्म के स्वरूप, सिद्धान्त और उनकी व्याख्याएँ आती-जाती, स्थापित और तिरोहित होती रहीं, इनमें से जो कुछ शुभ था, उसके अंशों को हमारी यह सभ्यता और संस्कृति अंगीकार करती रही, पर सभ्यता और संस्कृति का अधिकांश स्मृति और उसकी मानवीय चिन्ताओं के यथार्थ और उसके सपनों से ही निर्मित होता रहा। कोई भी संस्कृति हो, पाश्चात्य या पौर्वात्य, उसकी धमनियों में सांस्कृतिक स्मृति का रक्त ही प्रवाहित है।

एक उदाहरण दूँ! मेरे ही नहीं, बहुतों के मित्र थे, एक तेग इलाहाबादी साहब। उनका असली नाम था मुस्तफ़ा ज़ैदी। इलाहाबाद विश्वविद्यालय में वे मुझसे एक साल आगे थे। भारत के दो अल्पकालीन प्रधानमन्त्रियों वी. पी. सिंह और चन्द्रशेखर के वे सहपाठी थे। तेग इलाहाबादी उर्फ़ मुस्तफ़ा जैदी की दुर्दम्य प्रतिभा और नेतृत्व शक्ति के सामने यह दोनों काँपा करते थे। लेकिन न मालूम कि तेग इलाहाबादी उर्फ़ मुस्तफ़ा ज़ैदी की ज़िन्दगी में क्या हादसा हुआ कि विभाजन के दस साल बाद वे भारत को गालियाँ देते हुए पाकिस्तान चले गए। वहाँ उन्हें हाथों-हाथ लिया गया और वे पाकिस्तानी सिविल सर्विस के एक आला अफ़सर, कराची के कमिश्नर बन कर घनघोर भारत विरोधी बन गए। लेकिन कराची का यह कमिश्नर मुस्तफ़ा ज़ैदी आख़िर एक शायर भी था, जिसका नाम था तेग इलाहाबादी। और इस पढ़े-लिखे शायर ने भारत विरोध और पाकिस्तान के दो क़ौमी सिद्धान्त को मंजूर करते हुए अपनी मज़हबी-आत्मा के कहने पर पाकिस्तान जाना ज़रूरी समझा था। मेरे दोस्त इन मुस्तफ़ा जैदी ने पाकिस्तान की सिविल सर्विस में क्या कारनामे किए, वे तो मुझे मालूम नहीं, लेकिन इन्हीं मुस्तफ़ा जैदी उर्फ़ तेग इलाहाबादी ने जो शायरी की वह मेरे सामने हैं। पाकिस्तानी बन जाने के बाद भी कराची में बैठ कर वे अपने नाम से इलाहाबादी होने की स्मृति नहीं मिटा सके। वे ही तेग इलाहाबादी साहब लिखते हैं :

कोई उस देस का मिल जाए तो इतना पूछें
आजकल अपने मसीहा-नफसाँ कैसे हैं

आँधियाँ तो सुना उधर भी आईं
कोंपलें कैसी हैं शीशों के मकाँ कैसे हैं

सीधे-सीधे यह तेग इलाहाबादी उर्फ़ मुस्तफ़ा जैदी, कमिशनर, कराची, पाकिस्तान की एक ज़ख़्मी अतीत स्मृति है। और इसके बाद यही शायर लिखता है :

सात समंदर पार से आई गोरी पिया के देस
रूप विदेसी लेकिन जीवन पूरब का सन्देस
लम्बी-लम्बी पलकें जिनमें तलवारों की काट
नीली-नीली आँखें जैसे जमुना जी का घाट

देखना यह ज़रूरी है कि मुस्तफ़ा जैदी, कमिशनर कराची, पाकिस्तान उर्फ़ तेग इलाहाबादी को पाकिस्तान की सिन्ध, रावी या चनाब नदियों के घाट क्यों याद नहीं आते? उन्हें जमुना नदी का नहीं, 'जमुना जी' का घाट क्यों याद आता है! यही स्मृति है जो धर्म की स्मृतियों से बहुत ऊपर उठकर संस्कृति बन जाती है।

ग़ज़ल इसी स्मृति की रचनात्मक नुमाइंदगी करती है। ग़ज़ल ने सन् 1857 की क्रान्ति, विभाजन और आज़ादी, और उसके साथ की पस्त-हिम्मती को भी सहा है! इसके बावजूद वह यादों के घरौंदे बना-बना कर इन्सानी बस्तियाँ आबाद करती रही है। इसीलिए ग़ज़ल न तास्सुब-परस्तों के काम आती है न दरिंदों के। बाकी सबके दिलों तक ग़ज़ल अपने-आप पहुँच जाती है। कहा न, यह बड़ी फ़रार किस्म की विधा है। यह किताबों की क़ैद से भी फ़रार हो जाती है। किताबें कबीर, तुलसीदास, मीर, ग़ालिब से लेकर दुष्यन्त तक को क़ैद में नहीं रख पाई हैं।

अब दुष्यन्त के ही हवाले से भाषा के बारे में दो-एक बातें। कुछेक ग़लतफ़हमियों के अलावा कुछ ज़िदें भी सामने मौजूद हैं। कहा जाता है कि 'हिन्दी ग़ज़ल लेखन की परम्परा दुष्यन्त से शुरू होती है!' जहाँ तक मेरी जानकारी है दुष्यन्त ने ग़ज़ल को ग़ज़ल ही माना है, उर्दू या हिन्दी ग़ज़ल नहीं। पाकिस्तानी उर्दू में दोहा बहुत अधिक इस्तेमाल किया गया। साथ ही वहाँ उर्दू में लगातार मिली-जुली भारतीय संस्कृति के प्रतीक उठाए गए। मिसाल के तौर पर छंद छाया रहा।

बाँसुरी हाथ में पकड़े मुँह पर छिड़के नीला रंग,
सब ही किशन बनें तो राधा नाचे किसके संग।

या :

कब वो स्वयंवर दिन आयेगा होगा अन्त वियोग,
सपनों की संजोगिता, तुझसे कब होगा संजोग।

(सहबा अख़्तर)

इसीलिए मैं दुष्यन्त की यह बात सामने रखना चाहूँगा :

'कि उर्दू और हिन्दी अपने-अपने सिंहासन से उतर कर जब आम आदमी के पास आती हैं तो उनमें फ़र्क़ कर पाना बड़ा मुश्किल होता है। मेरी नीयत और कोशिश यह रही है कि इन दोनों भाषाओं को ज़्यादा से ज़्यादा करीब ला सकूँ, इसलिए ये ग़ज़लें उस भाषा में कही गई हैं, जिसे मैं बोलता हूँ।''

दुष्यन्त की इस बात को हमें ध्यान में रखना चाहिए कि ''ये ग़ज़लें 'उस भाषा' में कही गई हैं, जिसे मैं बोलता हूँ!'' वैसे 'हिन्दी' शब्द ग़लत नहीं है। क्योंकि हिन्दी और हिन्दुस्तानी, दोनों ही शब्द 'हिन्द' से निकले हैं। हिन्दुस्तानी शब्द से उन दिनों परहेज़ किया गया जब हिन्दी को कृत्रिम भाषा के रूप में ईजाद किया जा रहा था। आज हिन्दी जनता के हाथों में पहुँच गई है। सिनेमा और मीडिया ने इसे आम आदमी की भाषा बना दिया है। हिन्दी प्रदेश के बाहर इसे दुनिया-भर में हिन्दुस्तानी ही कहा जा रहा है, बाद में इसे हिन्दी ही पुकारा जाएगा क्योंकि यह 'हिन्द' की भाषा है। आज हिन्दी कहने से वह सर्वव्यापक अहसास नहीं होता जो हिन्दुस्तानी कहने से एक बनती हुई बड़ी आधुनिक संस्कृति के अहसास का आभास देता है। ग़ज़ल साहित्य की समन्वित होती सच्चाई की जीवन्त विधा है। इसलिए मैंने इसे भाषाई अलगाव देने की नीयत से नहीं, इस भाषाई संक्रमण काल के शब्दों को आदर देते हुए, इस वक़्त की संक्रमणशील भाषाई पहचान की नीयत से इस संकलन-शृंखला को 'हिन्दुस्तानी ग़ज़ल' कहना ज़्यादा मुनासिब समझा है, ताकि हिन्दी ग़ज़ल को 'हिन्दू' होने का जामा न पहनाया जा सके!

एक बात और कह दूँ—ग़ज़ल के नाम पर इतना कचरा आ रहा है और उसके इतने स्थानीय तात्कालिक प्रशंसक-आलोचक पैदा हो गए हैं कि ग़ज़ल की प्रामाणिक (जेन्वियिन) रचना को पहचानना मुश्किल हो गया है। इसीलिए ग़ज़ल का मूल्यांकन नहीं हो पा रहा है, हो भी नहीं सकता। यह संकलन भी प्रामाणिक ग़ज़ल रचना के शायरों को शामिल करने का दावा नहीं करता।

दुष्यन्त ने ही कहा था :

> हो गई है पीर पर्वत-सी, पिघलनी चाहिए,
> इस हिमालय से कोई गंगा निकलनी चाहिए!

लेकिन आज के हालात और ग़ज़लगोई की सच्चाई को देखते हुए अपने दोस्त दुष्यन्त से मैं कहना चाहूँगा कि मेरे दोस्त! हिमालय की हर चट्टान से गंगा नहीं निकलती! नहीं निकल सकती। यह रचनात्मकता की गंगा है जिसे भगीरथ ही सँभालकर गंगा बना सकता है। ग़ज़ल का जो गोमुख तुमने खोला था, वह आज विदूषित हो चुका है और कचरा ढोकर लाने वाली नदियाँ भी गंगा में विसर्जित होने के बाद खुद को गंगा पुकार रही हैं। लेकिन यह ग़ज़ल विधा की महत्ता और उसके ऐतिहासिक साहित्यिक अवदान को पहचानने का दौर भी है! और यह कितनी मज़ेदार लेकिन अपमानजनक सच्चाई है कि आज ग़ज़ल विधा को लेकर दसियों शोध कार्य हो चुके हैं और हो रहे हैं, शोधार्थियों को पी. एच. डी. की डिग्रियाँ भी मिल चुकी हैं और मिल रही हैं, लेकिन ग़ज़ल कहीं भी किसी कॉलिज या विश्वविद्यालय के पाठ्यक्रम में शामिल नहीं है। है न यह कबीर की उलटबाँसी वाली स्थिति कि 'बरसै कम्बल, भीगे पानी!'

और अन्त में दुष्यन्त के ही शब्दों में :

> वो कह रहे हैं ग़ज़लगो नहीं रहे शायर,
> मैं सुन रहा हूँ हरेक सिम्त से ग़ज़ल लोगो

इसीलिए यह संकलन अभी अधूरा है। ग़ज़ल की तूफ़ानी रचनात्मक बाढ़ को सँभाल सकना सम्भव नहीं है! शेष-अशेष अगले संकलनों में।

5/16, इरोज गार्डन,   **कमलेश्वर**
सूरजकुण्ड रोड, नई दिल्ली-110044

अनुक्रम

हिन्दुस्तानी ग़ज़लें

दुष्यन्त कुमार

~~

कहाँ तो तय था चिराग़ाँ हरेक घर के लिए
कहाँ चिराग़ मयस्सर नहीं शहर के लिए

यहाँ दरख़्तों के साए में धूप लगती है
चलो यहाँ से चलें और उम्र भर के लिए

न हो कमीज़ तो पाँवों से पेट ढँक लेंगे
ये लोग कितने मुनासिब हैं, इस सफ़र के लिए

ख़ुदा नहीं, न सही, आदमी का ख़्वाब सही
कोई हसीन नज़ारा तो है नज़र के लिए

वे मुतमइन[1] हैं कि पत्थर पिघल नहीं सकता
मैं बेक़रार हूँ आवाज़ में असर के लिए

तेरा निज़ाम है सिल दे जुबान शायर को
ये एहतियात ज़रूरी है इस बहर[2] के लिए

जिएँ तो अपने बग़ीचे में गुलमोहर के तले
मरें तो ग़ैर की गलियों में गुलमोहर के लिए

---

1. निश्चिन्त 2. छन्द

~~

हो गई है पीर पर्वत-सी पिघलनी चाहिए,
इस हिमालय से कोई गंगा निकलनी चाहिए।

आज यह दीवार, परदों की तरह हिलने लगी,
शर्त लेकिन थी कि ये बुनियाद हिलनी चाहिए।

हर सड़क पर, हर गली में, हर नगर, हर गाँव में,
हाथ लहराते हुए हर लाश चलनी चाहिए।

सिर्फ़ हंगामा खड़ा करना मेरा मक़सद नहीं,
मेरी कोशिश है कि ये सूरत बदलनी चाहिए

मेरे सीने में नहीं तो तेरे सीने में सही,
हो कहीं भी आग, लेकिन आग जलनी चाहिए।

बलबीरसिंह 'रंग'

हमने तन्हाई में ज़ंजीर से बातें की हैं
अपनी सोई हुई तक़दीर से बातें की हैं

तेरे दीदार की क्या ख़ाक तमन्ना होगी
ज़िन्दगी भर तेरी तस्वीर से बातें की हैं

मौत के डर से मैं खामोश रहूँ, लानत है
जबकि जल्लाद की शमशीर से बातें की हैं

क़ैस की लैला या फ़रहाद की शीरीं कह लो
हम नहीं राँझा, मगर हीर से बातें की हैं

'रंग' का रंग ज़माने ने बहुत देखा है
क्या कभी आपने बलवीर से बातें की हैं?

∼∼

आग पानी हुई, हुई, न हुई
मेहरबानी हुई, हुई, न हुई

कौन जाने फ़िज़ाए-जन्नत में
ज़िन्दगानी हुई, हुई, न हुई

आप हों, हम हों, सारा आलम हो
ऋतु सुहानी हुई, हुई, न हुई

सरफिरे दिल के बादशाहों की
राजधानी हुई, हुई, न हुई

'रंग' हाज़िर है बज़्मे याराँ में
क़द्रदानी हुई, हुई, न हुई

'फ़िराक़' गोरखपुरी

शामे-ग़म कुछ उस निगाहे-नाज़ की बातें करो
बेख़ुदी बढ़ती चली है, राज़ की बातें करो

नक़हते-ज़ुल्फ़े-परेशाँ, दास्ताने-शामे-ग़म[1]
सुबह होने तक इसी अंदाज़ की बातें करो

ये सुकूते-यास[2], ये दिल की रगों का टूटना
ख़ामुशी में कुछ शिकस्ते-साज़ की[3] बातें करो

हर रगे-दिल वज्द में[4] आती रहे, दुखती रहे
यूँ ही उसके जा-ओ-बेजा[5] नाज़ की बातें करो

कुछ क़फ़स की[6] तीलियों से छन रहा है नूर[7] सा
कुछ फ़ज़ा, कुछ हसरते-परवाज़ की बातें करो

जिसकी फ़ुरक़त ने[8] पलट दी इश्क़ की काया 'फ़िराक़'
आज उसी ईसा-नफ़स दमसाज़[9] की बातें करो

---

1. उलझे हुए सुगंधित केशों और शोक-भरी संध्या (रात) का वृत्तांत 2. नैराश्य की चुप्पी
3. साज़ के टूटने की 4. दिल की हर रग उन्माद में 5. उचित-अनुचित 6. पिंजरे की
7. ज्योति, प्रकाश 8. विछोह ने 9. पवित्र-हृदय मित्र।

~~

सुकूते-शाम[1] मिटाओ, बहुत अँधेरा है
सुख़न[2] की शमअ जलाओ, बहुत अँधेरा है

चमक उठेंगी सियाहबख़्तियाँ ज़माने की
नवः-ए-दर्द[4] सुनाओ, बहुत अँधेरा है

दियारे-ग़म[5] में दिले-बेक़रार छूट गया
संभल के ढूँढ़ने जाओ, बहुत अँधेरा है

ये रात वो है कि सूझे जहाँ न हाथ को हाथ
ख़यालो दूर न जाओ, बहुत अँधेरा है

वो .ख़ुद नहीं तो सरे-बज़्मे-ग़म[6] तो आज उसके
तबस्सुमों[7] को बुलाओ, बहुत अँधेरा है

पसे-गुनाह[8] जो ठहरे थे चश्मे-आदम में[9]
उन आँसुओं को बहाओ, बहुत अँधेरा है

ये ग़म की रात तो कटती नज़र नहीं आती
इक और रात बनाओ, बहुत अँधेरा है

गुज़श्ता अहद की[10] यादों को फिर करो ताज़ा
बुझे चिराग़ जलाओ, बहुत अँधेरा है

थी एक उलटती हुई नींद ज़िन्दगी उसकी
'फ़िराक़' को न जगाओ, बहुत अँधेरा है

---

1. संध्या की चुप्पी 2. बातचीत 3. दुर्भाग्य 4. दर्द का गीत 5. ग़म की नगरी 6. ग़म-रूपी
सभा में 7. मुस्कानों 8. पाप के पश्चात् 9. मनुष्य की आँख में 10. बीते दिनों की।

रामावतार त्यागी

~

जी है कि अब तो रात-दिन यों ही पड़े रहें
या फिर किसी ढलान पर घंटों खड़े रहें

यह घर हमारी शान के लायक नहीं रहा
छोटे रहें कि शौक से इनमें बड़े रहें

ऐसे कई हैं दोस्त जो बिगड़ी सँवार दें
पर वो नहीं जो बात पर अपनी अड़े रहें

जब तक चमन न माँग ले माफ़ी कसूर की
काँटे हमारे पाँव में तब तक गड़े रहें

सच है कि इनसे हो गए हम बेशकीमती
पर कंगनों में आपके कब तक जड़े रहें

गुस्ताख़ियाँ तो देखिए करते रहेंगे हम
ये आपके उसूल हैं जितने कड़े रहें

हम को दिलों के फ़ैसले मंज़ूर हैं मगर
अच्छा यही है ज़ाहिरा हम-तुम लड़े रहें

वही टूटा हुआ दर्पण बराबर याद आता है
उदासी और आँसू का स्वयंवर याद आता है

कभी जब जगमगाते दीप गंगा पर टहलते हैं
किसी सुकुमार सपने का मुक़द्दर याद आता है

महल से जब सवालों के सही उत्तर नहीं मिलते
मुझे वह गाँव का भीगा हुआ घर याद आता है

सुगन्धित ये चरण, मेरा महक से भर गया आँगन
अकेले में मगर रूठा महावर याद आता है

समन्दर के किनारे चाँदनी में बैठ जाता हूँ
उभरते शोर में डूबा हुआ स्वर याद आता है

झुका जो देवता के द्वार पर वह शीश पावन है
मुझे घायल मगर वह अनझुका सर याद आता है

कभी जब साफ़-नीयत आदमी की बात चलती है
वही 'त्यागी' बड़ा बदनाम अक्सर याद आता है

अख़्तर नज़्मी

~~

सिलसिला ज़ख्म-ज़ख्म जारी है
ये ज़मीं, दूर तक हमारी है

इस ज़मीं से अजब त-अल्लुक़ है
ज़र्रे-ज़र्रे से रिश्तेदारी है

मैं बहुत कम किसी से मिलता हूँ
जिससे यारी है, उससे यारी है

नाव काग़ज़ की छोड़ दी मैंने
अब समन्दर की ज़िम्मेदारी है

बेच डाला है दिन का हर लम्हा
रात थोड़ी-बहुत, हमारी है

रेत के घर तो बह गए, लेकिन
बारिशों का खुलूस जारी है

कोई 'नज़्मी' गुज़ारकर देखे
मैंने जो ज़िन्दगी गुज़ारी है

∼∼

अब नहीं लौट के आने वाला
घर खुला छोड़ के जाने वाला

हो गई कुछ इधर ऐसी बातें
रुक गया रोज़ का आने वाला

जिस्म आँखों से चुरा लेता है
एक तस्वीर बनाने वाला

लाख, होंटों पे हँसी हो, लेकिन
खुश नहीं, खुश-नज़र आने वाला

ज़द में तूफ़ान की आया कैसे
प्यास साहिल पे बुझाने वाला

रह गया है मेरा साया बनकर
मुझको ख़ातिर में न लाने वाला

बन गया हमसफ़र आख़िर 'नज़्मी'
रास्ता काट के जाने वाला

फ़ैज़ अहमद 'फ़ैज़'

~~

गुलों में रंग भरे बादे-नौबहार[1] चले
चले भी आओ कि गुलशन का कारोबार चले

क़फ़स[2] उदास है यारो, सबा[3] से कुछ तो कहो
कहीं तो बहरे-ख़ुदा[4] आज ज़िक्रे-यार चले

बड़ा है दर्द का रिश्ता, ये दिल ग़रीब सही,
तुम्हारे नाम पे आएँगे ग़मगुसार[5] चले

जो हम पे गुज़री सो गुज़री मगर शबे-हिज्राँ[6]
हमारे अश्क तेरी आक़बत[7] सँवार चले

हुज़ूरे-यार[8] हुई दफ़्तरे-जुनूँ की[9] तलब
गिरह में लेके गरेबाँ का तार-तार चले

मुक़ाम[10] 'फ़ैज़' कोई राह में जँचा ही नहीं
जो कूए-यार से[11] निकले तो सूए-दार[12] चले

---

1. नव-वसन्त की हवा 2. पिंजरा 3. प्रभात-समीर 4. भगवान के लिए 5. सहानुभूति-कर्ता
6. वियोग की रात को 7. परलोक 8. यार या प्रेयसी की सेवा में 9. इश्क़ (उन्माद) के वृत्तांत
की 10. स्थान 11. यार की गली से 12. फांसी के तख्ते की ओर।

≈≈

शेख़ साहब से रस्मो-राह न की
शुक्र है ज़िन्दगी तबाह न की

तुझ को देखा तो सेर-चश्म हुए[1]
तुझको चाहा तो और चाह न की

तेरे दस्ते-सितम[2] का अज़्ज़[3] नहीं
दिल ही काफ़िर था जिसने आह न की

थे शबे-हिज्र[4] काम और बहुत
हमने फ़िक्रे-दिले-तबाह न की

कौन क़ातिल बचा है शहर में 'फ़ैज़'
जिससे यारों ने रस्मो-राह न की

---

1. आंखों की सारी भूख मिट गई 2. अत्याचारी हाथ का 3. नम्रता या कमी 4. वियोग की रात

'इशरत' किरतपुरी

~~

रातों का कर्ब[1] दिन की थकन मेरे साथ है
यादों का एक दरीदा[2] कफ़न मेरे साथ है

बरसों से जल रहा हूँ मैं कुर्बत[3] की आग में
ना-क़ाबिल-ए-बयान जलन मेरे साथ है

मेरे लिए तो साँस भी लेना मुहाल है
माहौल की ये सारी घुटन मेरे साथ है

आँखों में बस गई है किसी शोख़ की तरह
हर इक क़दम पे याद-ए-दकन मेरे साथ है

अहद-ए-वफ़ा को तेरी तरह कैसे तोड़ दूँ
मेरा मिज़ाज, मेरा चलन मेरे साथ है

---

1. बेचैनी 2. फटा हुआ 3. नज़दीकी, सामीप्य

～～

मेरी आहट, मेरी आवाज़ से परदा करके
वो पशीमन[1] हैं दीवार को ऊँचा करके

क्या मिला तर्के-तलब अर्ज़े-तमन्ना करके
बारहा देखा है हमने यह तमाशा करके

तोहमतें मिलती हैं ज़ख़्मों का मदावा[2] करके
तुम भी पछताओगे बीमार को अच्छा करके

और नुक़सान हुआ दर्द को महँगा करके
छोड़ जाते हैं ख़रीदार भी सौदा करके

नाख़ुदा[3] हमको डुबोते तो कोई बात न थी
हम तो डूबे हैं .ख़ुदाओं पे भरोसा करके

---

1. शरमिंदा 2. इलाज 3. नाविक

'मजरूह' सुल्तानपुरी

~~

कोई आतिश-दर-सुबू[1] शो'ला-ब-जाम[2] आ ही गया
आफ़ताब[3] आ ही गया, माहे-तमाम[4] आ ही गया

मोहतसिब[5] ! साक़ी की चश्मे-नीम-वा[6] को क्या करूँ
मैकदे का[7] दर[8] खुला गर्दिश में जाम आ ही गया

इक सितमगर तू कि वजहे-सद ख़राबी[9] तेरा दर्द
इक बलाकश[10] मैं कि तेरा दर्द काम आ ही गया

हम-क़फ़स[11] ! सय्याद की[12] रस्मे-ज़बां-बंदी[13] की ख़ैर
बेज़बानों को भी अंदाज़े-कलाम[14] आ ही गया

क्यों कहूंगा मैं किसी से तेरे ग़म की दास्ताँ
और अगर ऐ दोस्त लब पर[15] तेरा नाम आ ही गया

आख़िरश[16], 'मजरूह' के बे-रंग रोज़ो-शब में वो
सुबहे-आरिज़ पर[17] लिये ज़ुल्फ़ों की शाम आ ही गया

---

1. शराब के मटके में आग लिये 2. प्याले में शोले लिये 3. सूरज 4. पूरा चाँद 5. रसाध्यक्ष
6. अध-खुली आँख 7. शराबख़ाने का 8. दरवाज़ा 9. सैकड़ों ख़राबियों का कारण 10. बेतहाशा
पीने वाला 11. एक ही पिंजरे में साथ रहने वाला साथी 12. शिकारी की 13. ज़बान बंद
रखने की रीति 14. बोलने का ढंग 15. होंठों पर 16. अंततः 17. प्रभात के गालों पर।

मसर्रतों को[1] ये अहले-हवस[2] न खो देते
जो हर खुशी में तेरे ग़म को भी समो देते

कहां वो शब[3] कि तेरे गेसुओं के[4] साये में
ख़याले-सुबह से हम आस्तीं भिगो देते

बहाने और भी होते जो ज़िन्दगी के लिए
हम एक बार तेरी आरजू भी खो देते

बचा लिया मुझे तूफ़ां की मौज ने[5], वर्ना
किनारे वाले सफ़ीना[6] मेरा डुबो देते

जो देखते मेरी नज़रों पे बंदिशों के सितम[7]
तो ये नज़ारे मेरी बेबसी पे रो देते

कभी तो यूं भी उमंडते सरश्के-ग़म[8] 'मजरूह'
कि मेरे ज़ख़्मे-तमन्ना[9] के दाग़ धो देते

---

1. खुशियों को 2. लोलुप 3. रात 4. केशों के 5. लहर ने 6. किश्ती 7. अत्याचार 8. ग़म के आँसू 9. आकांक्षा का घाव

कृष्णबिहारी 'नूर'

~~

दिखाई दे न कभी ये तो मुमकिनात में है
वो सब वजूद में है जो तसव्वुरात[1] में है

मैं जिस हुनर से हूँ पोशीदा[2] अपनी ग़ज़लों में
उसी तरह वो छुपा सारी काइनात[3] में है

कि जैसे जिस्म की रग-रग में दौड़ता है लहू
उसी तरह वो रवाँ अरसए-हयात[4] में है

कि जैसे संग के सीने में कोई बुत हो निहाँ
उसी तरह कोई सूरत तखइउल्लात में है

कि जैसे वक़्त गुज़रने का कुछ न हो अहसास
उसी तरह वो शरीक़े-सफ़र हयात में है

कि जैसे बू-ए वफ़ा खुद-सिपुर्दगी में मिले
उसी तरह की महक उसके इल्तिफ़ात में है

कि जैसे झूठ कई झूठ के सहारे ले
उसी तरह वो परीशाँ तकल्लुफ़ात में है

गुनाह भी कोई जैसे करे, डरे भी बहुत
उसी तरह की झिझक उसकी बात-बात में है

---

1. कल्पना 2. छिपा हुआ 3. सृष्टि, जगत 4. ज़िंदगी में बह रहा है।

～～

रंग लाया न कभी बर्गे-हिना[1] मेरे बाद
उस हथेली पे कोई गुल न खिला मेरे बाद

उसने यूँ ही नहीं छोड़ी है जफ़ा मेरे बाद
तीर ही कोई न तरकश में बचा मेरे बाद

आइना दिल का मेरे होते हुए कर लो साफ़
यूँ भी उड़ जाएगी ये गर्दे-अना[2] मेरे बाद

मैंने जब छोड़ दी दुनिया तो अकेला ही रहा
कौन देता मेरे होने का पता मेरे बाद

कूचए-यार की बातें मैं किया करता था
अब अगर आती तो क्या पाती सबा मेरे बाद

जिस्म होता तो नज़र आता भी मैं भी, वो भी
साथ रहता है मेरे मेरा खुदा मेरे बाद

परवरिश जिसकी जहाँ होती है रहता है वहीं
''किसके घर जाएगा सैलाबे-बला मेरे बाद''

'नूर' बस इतना ही महसूस हुआ ये जाना
फ़र्क होने का न होने का मिटा मेरे बाद

---

1. मेहँदी का पत्ता 2. दुःखों की धूल

अहमद फ़राज़

~~

कठिन है राहगुज़र थोड़ी दूर साथ चलो
बहुत कड़ा है सफ़र थोड़ी दूर साथ चलो

तमाम उम्र कहाँ कोई साथ देता है
यह जानता हूँ मगर थोड़ी दूर साथ चलो

नशे में चूर हूँ मैं भी तुम्हें भी होश नहीं
बड़ा मज़ा हो अगर थोड़ी दूर साथ चलो

यह एक शब की मुलाक़ात भी ग़नीमत है
किसे है कल की ख़बर थोड़ी दूर साथ चलो

अभी तो जाग रहे हैं चिराग़ राहों के
अभी है दूर सहर थोड़ी दूर साथ चलो

तवाफ़े-मंज़िले-जानाँ हमें भी करना है
'फ़राज़' तुम भी अगर थोड़ी दूर साथ चलो

---

1. प्रेयसी के घर का चक्कर

रंजिश ही सही, दिल ही दुखाने के लिए आ
आ, फिर से मुझे छोड़ के जाने के लिए आ

कुछ तो मेरे पिंदारे-मुहब्बत[1] का भरम रख
तू भी तो कभी मुझको मनाने के लिए आ

पहले से मरासिम न सही; फिर भी कभी तो
रस्मो-रहे-दुनिया ही निभाने के लिए आ

किस-किस को बताएँगे जुदाई का सबब हम
तू मुझसे ख़फ़ा है तो ज़माने के लिए आ

एक उम्र से हूँ लज़्ज़ते-गिरिया[2] से भी महरूम
ऐ राहते-जाँ, मुझको रुलाने के लिए आ

अब तक दिले-खुशफ़हम को तुझसे हैं उमीदें
आ, आख़िरी शमएँ भी बुझाने के लिए आ

माना कि मुहब्बत का छुपाना है मुहब्बत
चुपके से किसी रोज़ जताने के लिए आ

जैसे तुझे आते हैं न आने के बहाने
ऐसे ही किसी रोज़ न जाने के लिए आ

---

1. मुहब्बत का घमण्ड 2. रोने का सुख

बेकल उत्साही

फटी कमीज़ नुची आस्तीन कुछ तो है
ग़रीब शर्मो-हया में हसीन कुछ तो है

किधर को भाग रही है इसे ख़बर ही नहीं
हमारी नस्ल बला की ज़हीन कुछ तो है

तुम्हें तो चर्ख़ पे उड़ने से फ़ुरसते हैं कहाँ
हमारे पाँव के नीचे ज़मीन कुछ तो है

लिबास क़ीमती रखकर भी शहर नंगा है
हमारे गाँव में मोटा महीन कुछ तो है

गुमान अहले-ख़िरद को हर इक दलील पे है
हम अहले-दिल को ख़ुदा पर यक़ीन कुछ तो है।

~~

कोई मस्जिद गुरुद्वारे न शिवाले होंगे
सिर्फ़ तू होगा तेरे चाहने वाले होंगे

जा के परदेस में माँ-बाप को जो भूल गए
ऐ ग़रीबी वो तेरी गोद के पाले होंगे

ऐब चेहरों का छुपा लेना हुनर था जिनका
सोचिए कितने वो आईने निराले होंगे

बेच दे अपनी अना, अपनी ज़बाँ, अपना ज़मीर
फिर तेरे हाथ में सोने के निवाले होंगे

तुमको तो मील के पत्थर पे भरोसा है मगर
मेरी मंज़िल तो मेरे पाँव के छाले होंगे

आज हर ज़ख्म में 'बेकल' है गुलाबों की महक
संग वालों ने कही फूल उछाले होंगे।

'ज़फ़र' गोरखपुरी

≈≈

देखें क़रीब से भी तो अच्छा दिखाई दे
एक आदमी तो शहर में ऐसा दिखाई दे

अब भीख माँगने के तरीक़े बदल गए
लाज़िम नहीं कि हाथ में कासा' दिखाई दे

नेज़े पे रखके और मेरा सर बुलंद कर
दुनिया को एक चिराग़ तो जलता दिखाई दे

दिल में तेरे ख़याल की बनती है एक धनक
सूरज सा आइने से गुज़रता दिखाई दे

चल ज़िंदगी की जोत जगाए, अजब नहीं
लाशों के दरमियाँ कोई रस्ता दिखाई दे

हर शै मेरे बदन की 'ज़फ़र' क़त्ल हो चुकी
एक दर्द की किरन है कि ज़िंदा दिखाई दे

---

1. कटोरा

≈≈

कितनों ही के सर से साया जाता है
जब एक पीपल काट गिराया जाता है

धरती खुद भी खा जाती है फ़सलों को
चिड़ियों पर इल्ज़ाम लगाया जाता है

प्यासों से हमदर्दी रक्खी जाती है
बादल अपने घर बरसाया जाता है

आज ही उसके दर पे डेरा डालोगे
पहले कुछ दिन आया जाया जाता है

जब शख़्सीयत आवाज़ों के ताबे हो
बेमक़सद भी शोर मचाया जाता है

झूठे सच्चे ख़्वाब ख़रीदे जाते हैं
पीढ़ी पीढ़ी क़र्ज़ चुकाया जाता है

दिल के सौ-सौ टुकड़े जब हो जाते हैं
तब थोड़ा-सा दर्द कमाया जाता है

शहरयार

~~

बेताब हैं और इश्क़ का दावा नहीं हमको
आवारा हैं और दश्त का सौदा नहीं हमको

ग़ैरों की मोहब्बत पे यक़ीं आने लगा है
यारों से अगरचे कोई शिकवा नहीं हमको

नैरंगिए-दिल¹ है कि तग़ाफ़ुल² का करिश्मा
क्या बात है जो तेरी तमन्ना नहीं हमको

या तेरे अलावा भी किसी शै की तलब है
या अपनी मोहब्बत पे भरोसा नहीं हमको

या तुम भी मदावाए-अलम³ कर नहीं सकते
या चारागरो⁴ फ़िक्रे-मुदावा⁵ नहीं हमको

यूँ बरहमिए-काकुले-इमरोज़⁶ से खुश हैं
जैसे कि ख़्याले-रुख़े-फ़र्दा⁷ नहीं हमको

---

1. दिल की विचित्रता 2. उपेक्षा, ग़फ़लत 3. ग़म का इलाज 4. इलाज करने वाले
5. इलाज की चिंता 6. वर्तमान समय की लटों का बिखराव 7. कल (भविष्य) की आकृति

~~

कहीं ज़रा-सा अँधेरा भी कल की रात न था
गवाह कोई मगर रौशनी के साथ न था

सब अपने तौर से जीने के मुद्दई थे यहाँ
पता किसी को मगर रम्ज़े-काएनात[1] न था

कहाँ से कितनी उड़े और कहाँ पे कितनी जमे
बदन की रेत को अंदाज़-ए-हयात[2] न था

मेरा वजूद[3] मुनव्वर[4] है आज भी उस से
वो तेरे क़ुर्ब[5] का लम्हा जिसे सबात[6] न था

मुझे तो फिर भी मुक़द्दर पे रश्क[7] आता है
मेरी तबाही में हरचन्द तेरा हाथ न था

____

    1. दुनिया का रहस्य 2. जीवन का अनुमान 3. अस्तित्व 4. प्रज्वलित 5. निकटता, नज़दीकी 6. स्थायित्व 7. ईर्ष्या

निदा फ़ाज़ली

~~

बेनाम-सा ये दर्द ठहर क्यों नहीं जाता
जो बीत गया है वो गुज़र क्यों नहीं जाता

सब कुछ तो है क्या ढूँढती रहती हैं निगाहें
क्या बात है मैं वक़्त पे घर क्यों नहीं जाता

वो एक ही चेहरा तो नहीं सारे जहाँ में
जो दूर है वो दिल से उतर क्यों नहीं जाता

मैं अपनी ही उलझी हुई राहों का तमाशा
जाते हैं जिधर सब मैं उधर क्यों नहीं जाता

वो ख़्वाब जो बरसों से न 'चेहरा' न 'बदन' है
वो ख़्वाब हवाओं में बिखर क्यों नहीं जाता

~~

दिन सलीक़े से उगा रात ठिकाने से रही
दोस्ती अपनी भी कुछ रोज़ ज़माने से रही

चंद लम्हों को ही बनती हैं मुसव्विर आँखें
ज़िन्दगी रोज़ तो तसवीर बनाने से रही

इस अँधेरे में तो ठोकर ही उजाला देगी
रात, जंगल में कोई शमअ जलाने से रही

फ़ासला, चाँद बना देता है हर पत्थर को
दूर की रौशनी नज़दीक तो आने से रही

शहर में सबको कहाँ मिलती है रोने की जगह
अपनी इज़्ज़त भी यहाँ हँसने-हँसाने से रही

बशीर बद्र

~

आँखों में रहा दिल में उतर कर नहीं देखा
किश्ती के मुसाफ़िर ने समन्दर नहीं देखा

बेवक़्त अगर जाऊँगा सब चौंक पड़ेंगे
इक उम्र हुई दिन में कभी घर नहीं देखा

जिस दिन से चला हूँ मेरी मंज़िल पे नज़र है
आँखों ने कभी मील का पत्थर नहीं देखा

ये फूल मुझे कोई विरासत में मिले हैं
तुमने मेरा काँटों भरा बिस्तर नहीं देखा

पत्थर मुझे कहता है मेरा चाहने वाला
मैं मोम हूँ, उसने मुझे छूकर नहीं देखा

～～

तेरी जन्नत से हिजरत[1] कर रहे हैं
फ़रिश्ते क्या बग़ावत कर रहे हैं

हम अपने जुर्म का इक़रार कर लें
बहुत दिन से ये हिम्मत कर रहे हैं

वो खुद हारे हुए हैं ज़िन्दगी से
जो दुनिया पर हुकूमत कर रहे हैं

ज़मीं भीगी हुई है आँसुओं से
यहाँ बादल इबादत कर रहे हैं

फ़ज़ा में आयतें[2] महकी हुई हैं
कहीं बच्चे तिलावत[3] कर रहे हैं

परिंदों के ज़मीनो-आसमाँ क्या
वतन में रहके हिजरत कर रहे हैं

ग़ज़ल की आग में पलकों के साये
मुहब्बत की हिफ़ाज़त कर रहे हैं

हमारी बेबसी की इंतहा है
कि ज़ालिम की हिमायत कर रहे हैं

---

1. अपना देश छोड़कर दूसरे देश में जाना 2. कुरान के वाक्य 3. कुरान का पाठ

अमीर क़ज़लबाश

~~

चार जानिब[1] कड़ी नज़र रखना
फ़सल पकने को है ख़बर रखना

काम आएँगी कल ये तहरीरें[2]
उँगलियों को लहू में तर रखना

ख़ाली घर तो बुरा-सा लगता है
ख़्वाब आँखों में कोई भर रखना

चाँद तारों से मशिवरा करके
शब[3] की दहलीज़ पर सहर[4] रखना

लम्हए-इज़्ज़[5]   आने वाला   है
अपने क़दमों पे अपना सर रखना

जानलेवा बहुत है बाख़बरी[6]
ख़ुद को थोड़ा-सा बेख़बर रखना

---

1. चारों तरफ 2. लिखी हुई इबारतें 3. रात 4. सुबह 5. समर्पण का क्षण 6. जानकारी
रखना।

~~

तुम्हारे शहर में कुछ लोग इस तरह भी जिए
किसी ने ज़ख़्म छुपाए, किसी ने होंठ सिए

न पूछ आलमे-बेगानगी[1]-ए-असरे रवाँ[2]
किसी की आँख में आँसू नहीं किसी के लिए

ये और बात कि मुमकिन न हो सका लेकिन
तेरे बग़ौर भी जीने के इहतमाम किए

बुझे-बुझे से चराग़ों पे तंज़[3] क्या कीजे
अब आफ़ताब तरसते हैं रौशनी के लिए

नए फ़रेब, नए हादसे, नए अहबाब[4]
ये ज़हर हमने कई बार ज़िंदगी में पिए

---

1. बेगानगी का आलम 2. गुज़रते हुए ज़माने 3. व्यंग्य 4. दोस्त

गोपालदास 'नीरज'

~

खुशबू सी आ रही है इधर ज़ाफ़रान की
खिड़की खुली है ग़ालिबन उनके मकान की

हारे हुए परिन्दे, ज़रा उड़के देख तो
आ जाएगी ज़मीन पे छत आसमान की

बुझ जाए सरेशाम ही जैसे कोई चिराग़
कुछ यूँ है शुरुआत मेरी दास्तान की

ज्यों लूट लें कहार ही दुलहिन की पालकी
हालत यही है आजकल हिन्दोस्तान की

औरों के घर की धूप उसे क्यों पसन्द हो
बेची हो जिसने रोशनी अपने मकान की

जुल्फ़ों के पेचो-ख़म में उसे मत तलाशिये
ये शायरी जुबाँ हैं किसी बेजुबान की

'नीरज' से बढ़के और धनी कौन है यहाँ
उसके हृदय में पीर है सारे जहान की

~~

अब के सावन में शरारत ये मेरे साथ हुई
मेरा घर छोड़ के कुल शहर में बरसात हुई

आप मत पूछिए क्या हम पे सफ़र में गुज़री
था लुटेरों का जहाँ गाँव, वहीं रात हुई

ज़िन्दगी-भर तो हुई गुफ़्तगू ग़ैरों से मगर
आज तक हमसे हमारी न मुलाक़ात हुई

हर ग़लत मोड़ पे टोका है किसी ने मुझको
एक आवाज़ तेरी जब से मेरे साथ हुई

मैंने सोचा कि मेरे देश की हालत क्या है
एक क़ातिल से तभी मेरी मुलाक़ात हुई

'वसीम' बरेलवी

~~

मैं इस उमीद पे डूबा कि तू बचा लेगा
अब इसके बाद मेरा इम्तहान क्या होगा

यह एक मेला है वादा किसी से क्या लेगा
ढलेगा दिन तो हर इक अपना रास्ता लेगा

मैं बुझ गया तो हमेशा को बुझ ही जाऊँगा
वो चराग़ नहीं हूँ जो फिर जला लेगा

कलेजा चाहिए दुश्मन से दुश्मनी के लिए
जो बेअमल है वह बदला किसी से क्या लेगा

मैं उसका हो नहीं सकता बता न देना उसे
लकीरें हाथ की अपनी वह सब जला लेगा

हज़ार तोड़ के आ जाऊँ उससे रिश्ता 'वसीम'
मैं जानता हूँ वह जब चाहेगा बुला लेगा

~~

लहू न हो तो क़लम तर्जुमाँ नहीं होता
हमारे दौर में आँसू ज़बाँ नहीं होता

जहाँ रहेगा वहाँ रोशनी लुटाएगा
किसी चराग़ का अपना मकाँ नहीं होता

यह किस मक़ाम पे लाई है मेरी तन्हाई
कि मुझसे आज कोई बदगुमाँ नहीं होता

मैं उसको भूल गया हूँ यह कौन मानेगा
किसी चराग़ के बस में धुआँ नहीं होता

'वसीम' सदियों की आँखों से देखिए मुझको
वह लफ़्ज़ हूँ जो कभी दास्ताँ नहीं होता

'अली' अहमद जलीली

~~

अम्न की बात में तकरार भी हो सकती है
शाख़ जैतून की तलवार भी हो सकती है

जिसके साए में अमाँ ढूँढ रही है दुनिया,
कोई गिरती हुई दीवार भी हो सकती है

यह अलग बात कि लब सी लिए वरना
खामुशी यह मेरी ललकार भी हो सकती है

हो रहा है सरे-बाज़ार यह नीलाम
मेरे अस्लाफ़[1] की दस्तार[3] भी हो सकती है

ऊँची दीवारें अगर इसकी गिरा दी जाएँ
तो हवेली यह हवादार भी हो सकती है

यह नई नस्ल भटकती है जो बेसिम्ती में
क्या विरासत की यह हक़दार भी हो सकती है?

मेरी हक़गोई अगर कोई ख़ता है तो 'अली'
यह ख़ता मुझसे कई बार भी हो सकती है

---

1. शरण 2. शान्ति 3. पगड़ी

≈≈

कोई आहट, कोई सदा ही नहीं
क्या कोई शहर में बचा ही नहीं

सुनने वालों ने सुन लिया सब कुछ
कहने वालों ने कुछ कहा ही नहीं

हो गया हूँ मैं किसलिए ज़ख़्मी
हादसा तो अभी हुआ ही नहीं

ऊँचे महलों का हाल मत पूछो
है सभी कुछ मगर हवा ही नहीं

रौशनी किस तरह नगर में हो
घर तो मेरा अभी जला ही नहीं

मुन्तज़िर[1] हूँ जवाब का लेकिन
मैंने ख़त तो अभी लिखा ही नहीं

कैसे कह दूँ कि कौन हूँ मैं 'अली'
मैं तो ख़ुद से अभी मिला ही नहीं

---

1. प्रतीक्षा करने वाला

'नुसरत' ग्वालियरी

~~~

सायबाँ[1] कोई न दीवारें न दर फुटपाथ पर
फिर भी होते हैं बहुत लोगों के घर फुटपाथ पर

दर्द से अपने मिला दूँ तुम किसी शब मेरे साथ
तज़रुबे के तौर पर जागो अगर फुटपाथ पर

वक़्त के ज़ख़्मों पे मरहम रखने वाली आरज़ू
ठोकरें खाती रही शामो-सहर फुटपाथ पर

मुस्तकिल ख़्वाबों से रग़बत[2] का नतीजा ये हुआ
उसने सारी ज़िन्दगी की है बसर फुटपाथ पर

जुस्तजू के रास्ते पर उसके पीछे हर क़दम
इक सदा आती रही फुटपाथ पर, फुटपाथ पर

वादी-ए-शोहरत में कम से कम मुनाफ़ा भी बहुत
अस्ल क़ीमत में नहीं बिकता हुनर फुटपाथ पर

उसकी खुशहाली से अंदाज़ा लगाना है मुहाल
उसने तकलीफ़ें सही हैं किस क़दर फुटपाथ पर

क्या यहाँ से उठके महलों तक नहीं पहुँचे हैं लोग
किसलिए बैठे हुए हो चश्मतर फुटपाथ पर

बात इतनी है कि मुझको याद है तुमको नहीं
इससे पहले तुम मिले तो थे मगर फुटपाथ पर

---

1. छाया के लिए बनाया गया छज्जा 2. अनुराग, चाह
~~~

~~

सूलियों से गुज़रना पड़ा
हमको किस्तों में मरना पड़ा

इतने हालात संगीन थे
ख़ून लफ़्ज़ों में भरना पड़ा

दूसरी ज़िन्दगी के लिए
अहद करके मुकरना पड़ा

वो परिन्दा ठहरता नहीं
शहपरों को कतरना पड़ा

उनके आँसू न देखे गए
ख़ुद पे इल्ज़ाम धरना पड़ा

एक वादा था जिसके लिए
रास्ते में ठहरना   पड़ा

बारिशों की दुआएँ भी कीं
घर की छत से भी डरना पड़ा

गणेशबिहारी 'तर्ज़'

~~

दोस्ती अपनी जगह और दुश्मनी अपनी जगह
फ़र्ज़ के अन्ज़ाम देने की खुशी अपनी जगह

हम तो सरगर्म-ए-सफ़र हैं और रहेंगे उम्र भर
मंज़िलें अपनी जगह आवारगी अपनी जगह

पत्थरों के देस में शीशे का है अपना विक़ार
देवता अपनी जगह और आदमी अपनी जगह

ज्ञान माना है बड़ा भक्ति भी लेकिन कम नहीं
आगही अपनी जगह दीवानगी अपनी जगह

सुबूह हैं सजदे में हम तो शाम साक़ी के हुज़ूर
बन्दगी अपनी जगह और मयकशी अपनी जगह

सारा आलम है तरन्नुम-ख़ेज़ ऐ शायर नवाज़
शे'र की अपनी जगह है 'तर्ज़' की अपनी जगह

❀❀

बे नियाज़े सहर हो गई
शाम-ए-ग़म मोतबर हो गई

एक नज़र क्या इधर हो गई
अजनबी हर नज़र हो गई

मेरी दीवानगी नासेहा
आख़िरश राहबर हो गई

ज़िन्दगी क्या है और मौत क्या
शब हुई और सहर हो गई

उनकी आँखों में अश्क आ गए
दास्ताँ मुख़्तसर हो गई

चार तिनके ही रख पाए थे
बिजलियों को ख़बर हो गई

छिड़ गई किसके दामन की बात
ख़ुद-ब-ख़ुद आँख तर हो गई

'तर्ज़' जब से छुटा कारवाँ
ज़ीस्त¹ गर्द-ए-सफ़र हो गई

---

1. ज़िन्दगी, जीवन

मुनव्वर राणा

जिसे दुश्मन समझता हूँ वही अपना निकलता है
हर इक पत्थर से मेरे सर का कुछ रिश्ता निकलता है

डरा धमका के तुम हमसे वफ़ा करने को कहते हो
कहीं तलवार से भी पाँव का काँटा निकलता है?

ज़रा सा झुटपुटा होते ही छुप जाता है सूरज भी
मगर इक चाँद है जो शब में भी तनहा निकलता है

किसी के पास आते हैं तो दरिया सूख जाते हैं
किसी की एड़ियों से रेत में चश्मा निकलता है

फ़ज़ाँ में घोल दी हैं नफ़रतें अहले सियासत ने
मगर पानी कुएँ से आज तक मीठा निकलता है

जिसे भी जुर्मे-ग़द्दारी में तुम सब क़त्ल करते हो
उसी की जेब से क्यों मुल्क का झण्डा निकलता है?

दुआएँ माँ की, पहुँचाने को मीलों मील जाती हैं
कि जब परदेश जाने के लिए बेटा निकलता है

~~

अजब दुनिया है, नाशायर यहाँ पर सर उठाते हैं
जो शायर हैं वो महफ़िल में दरी चादर उठाते हैं

तुम्हारे शहर में मइयत को सब काँधा नहीं देते
हमारे गाँव में छप्पर भी सब मिलकर उठाते हैं

इन्हें फ़िरकापरस्ती मत सिखा देना कि ये बच्चे
ज़मीं से चूमकर तितली के टूटे पर उठाते हैं

समुन्दर के सफ़र में वापसी का क्या भरोसा है
तो ऐ साहिल, ख़ुदा हाफ़िज़ कि हम लंगर उठाते हैं

ग़ज़ल, हम तेरे आशिक़ हैं मगर इस पेट की .खातिर
क़लम किस पर उठाना था क़लम किस पर उठाते हैं

बुरे चेहरों की जानिब देखने की हद भी होती है
सँभलना, आइनाख़ानो कि हम पत्थर उठाते हैं

'मख़मूर' सईदी

कितनी दीवारें उठी हैं एक घर के दरमियाँ
घर कहीं गुम हो गया, दीवारो-दर के दरमियाँ

जगमगाएगा मेरी पहचान बनकर मुद्दतों
एक लम्हा, अनगिनत शामो-सहर के दरमियाँ

वार वो करते रहेंगे, ज़ख़्म हम खाते रहें
है यही रिश्ता पुराना संगो-सर के दरमियाँ

क्या कहें? हर देखने वाले को आख़िर चुप लगी
गुम था मंज़र इख़्तिलाफ़ाते-नज़र के दरमियाँ

किसकी आहट पर अँधेरों में क़दम बढ़ते गए
रू नुमा था कौन इस अंधे-सफ़र के दरमियाँ

कुछ अँधेरा सा, उजालों से गले मिलता हुआ
हमने इक मंज़र बनाया, ख़ैरो-शर के दरमियाँ

बस्तियाँ, 'मख़मूर' यूँ उजड़ीं कि सहरा हो गईं
फ़ासले बढ़ने लगे जब घर से घर के दरमियाँ

~

ख़ाब इन जागती आँखों को दिखाने वाला
कौन था वो मेरी नींदों को चुराने वाला

एक ख़ुशबू मुझे दीवाना बनाने वाली
एक झोंका वो मेरे होश उड़ाने वाला

अब इन अत्राफ़ में आता ही नहीं वो मौसम
मेरे बाग़ों में जो था फूल खिलाने वाला

घर तो इस शहर में जलते हुए देखे सबने
नज़र आया न कोई आग लगाने वाला

तुमने नफ़रत के अँधेरों में मुझे क़ैद किया
मैं उजाला था तुम्हें राह दिखाने वाला

तोड़कर अपनी हदें ख़ुद से गुज़र जाऊँगा मैं
कोई आए तो मेरा साथ निभाने वाला

बारिशें ग़म की रुकी हैं न रुकेंगी 'मख़मूर'
इन दयारों से ये मौसम नहीं जाने वाला

'अंजुम' लुधियानवी

हज़ारों साल चलने की सज़ा है
बता ऐ वक़्त, तेरा जुर्म क्या है

उजाला पौ फटे से काम पर है
अँधेरा चैन से सोया हुआ है

हवा से लड़ रहे बुझते दीये ने
हमारा ज़हन[1] रौशन कर दिया है

वो सूरज के घराने से है लेकिन
फ़लक[2] से चाँदनी बरसा रहा है

अभी तक रूहे-रौशन का मुसाफ़िर
बदन के दश्त[3] में भटका हुआ है

फ़िज़ाएँ छोड़कर क्यों आज इन्साँ
ख़ला में मारा-मारा फिर रहा है?

बदन पर रौशनी ओढ़ी है सब ने
अँधेरा रूह तक फैला हुआ है

सुना है और इक भूखा भिखारी,
ख़ुदा का नाम लेते मर गया है

वही हैं हम नई शक्लों में 'अंजुम'
वही सदियों पुराना रास्ता है

---

1. दिमाग़ 2. आकाश 3. जंगल

~~

एक लम्हे के लिए, ये मोअजज़ा[1] देखा गया
पत्थरों के शहर में, एक आईना देखा गया

गिरने वाला तो बुलन्दी छू गया आकाश की
जो सँभल कर चल रहा था, रींगता देखा गया

आईना ख़ाने में कल उस शख़्स को कोड़े पड़े
जो हवा मुट्ठी में ले कर, घूमता देखा गया

शहर में हर शख़्स को था, अपने गुम होने का डर
हर कोई साए के पीछे, भागता देखा गया

वो जो भूखा था, उसे नींद आ गई, वो सो गया
जिस ने मोती खाए थे, वो जागता देखा गया

सैल-ए-रंग-ओ-नूर[2] जब गुज़रा भरे बाज़ार से
वो जो अंधा था, उसे भी देखता देखा गया

आख़िर उस की कमसिनी[3] दम तोड़ती देखी गई
सुब्ह जब वो आईने को चूमता देखा गया

सबकी सब पगडंडियों पर क़ाफ़िलों की भीड़ थी
अस्ल रस्ते पर न कोई, नक़्शे-पा देखा गया

रौशनी में सैकड़ों साए रहे 'अंजुम' के गिर्द
अब्र जब छाए, वो तनहा घूमता देखा गया

---

1. चमत्कार 2. रंग और रौशनी की बाढ़ (खूबसूरत लड़की) 3. बचपन की उम्र

अख़्तर 'वामिक'

ख़्वाबों को अपनी आँखों से कैसे जुदा करे
जो ज़िन्दगी से ख़ौफ़ज़दा हो वो क्या करे

आईना अपने दिल को बनाए वो पहले फिर
मेरी हक़ीक़तों से मुझे आशना करे

बेज़ारे-आरज़ू-ए-शनासाई हैं जो लोग
रिश्तों की क़ैद से उन्हें कोई रिहा करे

मैं बेवफ़ा कभी भी नहीं था न हूँ मगर
ऐसा भी क्या कि कोई हमेशा वफ़ा करे

हक़ में मेरे न उसने दुआ की न कुछ दवा
होगा वो शहर भर का मसीहा हुआ करे

इतना भी दिल पे जब्र मुनासिब नहीं कि दिल
मौजूद से गुरेज़, अदम की दुआ करे

'वामिक' मुहब्बतों का ख़ज़ाना तो लुट चुका
अब कोई क़स्रे-दिल की हिफ़ाज़त किया करे

लम्हाते-कर्ब[1] ये भी उबूरी[2] हैं दोस्तो
हम अपने घर में ग़ैरज़रूरी हैं दोस्तो

मंज़िल पे आके हाथों को देखा तो दुख हुआ
अब भी कई लकीरें अधूरी हैं दोस्तो

उसका ख़याल, उससे मुलाक़ात, गुफ़्तगू
तन्हाइयों के खेल शऊरी हैं दोस्तो

बच्चों की परवरिश के लिए ख़ूने-दिल के साथ
झूठी कहानियाँ भी ज़रूरी हैं दोस्तो

वो ज़हनी इन्तेहात है 'वामिक़' कहे भी क्या
यादें जो रह गई हैं, अधूरी हैं दोस्तो

---

1. अंतरंग क्षणों में 2. पार करना, पूर्णज्ञान

'शहपर' रसूल

~~

लफ़्ज़ों में कसक भी थी, रवानी भी धुआँधार
थी उस की तबाही की कहानी भी धुआँधार

उस फूल पे हर शख़्स लपकता था तड़पकर
कमबख़्त पे आई थी जवानी भी धुआँधार

छाते थे ग़मो-यास के बादल भी दिलों पर
पड़ता था कभी टूट के पानी भी धुआँधार

है दिन की कसाफ़त भी फ़ज़ाओं में नुमायाँ
महकी है मगर रात की रानी भी धुआँधार

लहजे से तेरे आबले गिनती हैं समाअत
होती थी कभी बर्फ़ ब्यानी भी धुआँधार

शामिल न हो शोहरत के ख़रीदारों में 'शहपर'
बाज़ार भी झूठा है, गरानी भी धुआँधार

~~

टूटते पत्तों का थर-थर काँपना भी क्या लिखूँ
है बहुत बेदर्द मौसम की हवा भी, क्या लिखूँ

अहद करके भूल जाने की अदा भी क्या लिखूँ
आस के अंधे कलम से कुछ गिला भी क्या लिखूँ

अब मिरी टूटी हवेली के निशाँ तक भी नहीं
कुछ नहीं अपने पराए का पता भी, क्या लिखूँ

तेरी खुश्बू दर्द की मौजों को महका तो गई
ऐ हवाए-हिज्रे-याराँ! कुछ बता भी, क्या लिखूँ

टूटता जाता है 'शहपर' मेरे ख्वाबों का तिलस्म
इन दिनों नामेहरबाँ है कुछ खुदा भी, क्या लिखूँ

जगजीवनलाल अस्थाना 'सहर'

मेरा नाम जो लिक्खा होगा
ख़त पर आँसू टपका होगा

इंसाँ जितना सादा होगा
उतना मन का उजला होगा

अंबर पर ये लाली कैसी
ज़ख़्म किसी का रिसता होगा

उसके आगे मेरा आँसू
आँख बचा कर निकला होगा

दिन ही जब है इतना धुँधला
रात का चेहरा कैसा होगा

इक इक पल की ख़ैर नहीं है
कौन ये सोचे कल क्या होगा

मेरे घर को फूँकने वाला
लम्हा लम्हा टूटा होगा

ग़म की गठरी है ये जीवन
खोल न देना, सदमा होगा

रात का आँचल है क्यों भीगा
दर्द 'सहर' का टपका होगा

∼∼

दिल मेरा इस सलीक़े से जलता दिखाई दे
आए धुआँ नज़र में न शोला दिखाई दे

हर चेहरा अजनबी है, हर आवाज़ अनसुनी
कोई तो हो जो शहर में अपना दिखाई दे

दिल की किताब लिखते रहे ज़िंदगी तमाम
फिर भी वरक़ वरक़ अभी कोरा दिखाई दे

जिस शख़्स को भुलाए ज़माना गुज़र गया
पहलू में जैसे आज भी बैठा दिखाई दे

ये कैसा शहर है कि कहीं छाँव ही नहीं
बस सिर्फ़ अपने जिस्म का साया दिखाई दे

पहुँची कहाँ ये ले के मुझे मेरी ज़िंदगी
मंज़िल नज़र में आए न रस्ता दिखाई दे

कैसे यक़ीं करूँ ये 'सहर' हो गई सहर
मुझको तो शहर शहर अँधेरा दिखाई दे

'अदम' गौंडवी

काजू भुने पलेट में विस्की गिलास में
उतरा है रामराज्य विधायक निवास में

पक्के समाजवादी है तस्कर हों या डकैत
इतना असर है खादी के उजले लिबास में

आज़ादी का ये जश्न मनाएँ वे किस तरह
जो आ गए फुटपाथ पर घर की तलाश में

पैसे से आप चाहें तो सरकार गिरा दें
संसद बदल गई है यहाँ की नख़ास में

जनता के पास एक ही चारा है—बग़ावत
यह बात कह रहा हूँ मैं होशोहवास में

~~

ग़ज़ल को ले चलो अब गाँव के दिलकश नज़ारों में
मुसलसल[1] फ़न[2] का दम घुटता है इन अदबी इदारों[3] में

न इनमें वो कशिश होगी, न बू होगी, न रअनाई[4]
खिलेंगे फूल बेशक लॉन की लम्बी क़तारों में

अदीबो, ठोस धरती की सतह पर लौट भी आओ
मुलम्मे के सिवा क्या है फ़लक़ के चाँद-तारों में

रहे मुफ़लिस गुज़रते बेयक़ीनी के तज़रबे से
बदल देंगे ये इन महलों की रंगीनी मज़ारों में

कहीं पर भुखमरी की धूप तीखी हो गई शायद
जो है संगीन के साए की चर्चा इश्तहारों में

---

1. लगातार 2. कला 3. साहित्यिक संस्थाओं 4. सुंदरता

'जमील' हापुड़ी

क़ातिल का कहीं किरदार तो है
काग़ज़ की सही, तलवार तो है

तन्हा तो नहीं हूँ दुनिया में
दुश्मन ही सही, इक यार तो है

क़ीमत न सही कुछ मेरी यहाँ
बिकने के लिए बाज़ार तो है

क़ाबू में नहीं कश्ती, न सही
हाथों में अभी पतवार तो है

ग़ुर्बत ही सही मेरी लेकिन
रस्ते में कोई दीवार तो है

मंज़िल न सही नज़रों में अभी
क़दमों में मिरे रफ़्तार तो है

क्या फ़र्ज़ है चारःगर तेरा
मुफ़्लिस ही सही, बीमार तो है

आँखों में तिरी आँसू ही सही
चेहरे पे कोई इज़हार तो है

कुछ और नहीं दिल में न सही
ख़्वाबों का 'जमील' अंबार तो है

~~~

जिस्म तक बेच डाले गए
पेट फिर भी न पाले गए

जश्ने-मक़तल मनाया गया
सर हवा में उछाले गए

जितने आवारा थे शहर में
रहबरी दे के टाले गए

सर हिलाना ग़ज़ब हो गया
बस्तियों से निकाले गए

लूट सड़कों पे ऐसी मची
कमसिनों को उठा ले गए

खिड़कियों से गिराया गया
चाकुओं पर सँभाले गए

बैठे-बैठे अँधेरा गया
रोते-रोते उजाले गए

शान से जीने वालो, जिओ
जान से जाने वाले गए

कुछ न थे जो 'जमील' अस्ल में
ज़िन्दगी की हवा ले गए
~~~

शुजा ख़ावर

~

बीत गया मैं बैठा-बैठा
तेरे दर पर अच्छा बैठा

अब माज़ी[1] पर गुज़र-बसर है
मुस्तक़बिल तो मैं खा बैठा

मेरे सिवा वो बोला सबसे
कैसा ठीक निशाना बैठा

तन्हाई में बज़्म[2] सजाई
और महफ़िल में तन्हा बैठा

रौंद के मंज़िल इक दीवाना
वापस रास्ते पर जा बैठा

आह की फ़ुरसत हिज्र[3] में कब थी
देखा सोचा उड्डा बैठा

टूट गई चरपाई सारी
हिज्र का धंधा महँगा बैठा

जहाँ बिठा देंगे हम जैसे
इक-इक लफ़्ज़ रहेगा बैठा

प्यास का सुख और पानी का दुख
जोड़ के देखो कितना बैठा

---

1. अतीत 2. महफ़िल 3. विरह

~~

इधर तो दार[1] पर रक्खा हुआ है
उधर पैरों में सर रक्खा हुआ है

कम अज़ कम[2] इस सराबे[3] आरज़ू ने
मेरी आँखों को तर[4] रक्खा हुआ है

समझते क्या हैं हमको शहर वाले
बयाबाँ[5] में भी घर रक्खा हुआ है

हर एक शै[6] मिल गई है ढूँढने पर
सुकूँ[7] जाने किधर रक्खा हुआ है

हम अच्छा माल तो बिल्कुल नहीं हैं
हमें क्यों बाँध कर रक्खा हुआ है

मेरे हालात को बस यूँ समझ लो
परिन्दे[8] पर शजर[9] रक्खा हुआ है

जहालत से गुज़ारा कर रहा हूँ
किताबों में हुनर रक्खा हुआ है

---

1. फांसी का तख़्ता 2. कम से कम 3. धोखा (मरुभूमि में ऐसा स्थान जहाँ दूर से पानी का धोखा होता है) 4. भीगी हुई 5. वन 6. वस्तु 7. सुख-शांति (चैन) 8. पक्षी 9. वृक्ष

महताब हैदर नक़वी

~~

हौसला इतना अभी यार नहीं कर पाए
खुद को रुसवा सरे-बाज़ार नहीं कर पाए

दिल में करते रहे दुनिया के सफ़र का सामाँ
घर की दहलीज़ मगर पार नहीं कर पाए

साअते-वस्ल तो क़ाबू में नहीं थी लेकिन
हिज्र की शब का भी दीदार नहीं कर पाए

हम किसी और के 'होने' की नफ़ी क्या करते
अपने 'होने' पे जब इसरार नहीं कर पाए

ये तो आराइशे-महफ़िल के लिए है वरना
इल्मो-दानिश का हम इज़हार नहीं कर पाए

~~

अहले-दुनिया देखते हैं कितनी हैरानी के साथ
ज़िंदगी हमने बसर कर ली है नादानी के साथ

इक तमन्नाओं का बहरे-बेकराँ था और हम
कश्ति ए-जाँ को बचा लाए हैं आसानी के साथ

हमको इस दिल के धड़कने की सदाएँ याद हैं
ये भी हंगामा गया इस घर की वीरानी के साथ

ऐ हवा! तूने तो सारे मारके सर कर लिए
सुब्हे-फ़रदा दूर बैठी है पशेमानी के साथ

तू नहीं आता, न आ, ऐ दोस्त अब तेरी तरह
हम भी चल निकले हैं अपने दुश्मने-जानी के साथ

मुज़फ़्फ़र ‘रज़्मी’

~~

इस राज़[1] को क्या जानें साहिल[2] के तमाशाई
हम डूबके समझे हैं दरिया तेरी गहराई

जाग, ऐ मेरे हमसाया[3] ख़्वाबों के तसलसुल[4] से
दीवार से आँगन में अब धूप उतर आई

चलते हुए बादल के साए[5] के तआक़्क़ुब[6] में
ये तशनालबी[7] मुझको सहराओं[8] में ले आई

ये जब्र[9] भी देखा है तारीख़[10] की नज़रों ने
लम्हों ने ख़ता की थी, सदियों ने सज़ा पाई

क्या सानेहा[11] याद आया ‘रज़्मी’ की तबाही का
क्यों आपकी नाज़ुक सी आँखों में नमी आई

---

1. रहस्य 2. किनारा 3. पड़ौसी 4. निरंतरता 5. परछाई 6. पीछा करना 7. प्यास
8. रेगिस्तानों 9. जुल्म 10. इतिहास 11. घटना

ज़हन में इनतशार सा क्यूँ है
आदमी बेक़रार सा क्यूँ है

तुझसे मिलने की आस टूट चुकी
अब तेरा इंतज़ार सा क्यूँ है

धुल चुकी है फ़ज़ा तो चेहरों पर
नफ़रतों का गुबार सा क्यूँ है

मैं तो उसके सितम से भी खुश हूँ
वो मगर शर्मसार सा क्यूँ है

उनके वादे हैं जब फ़रेबे-हसीं
फिर हमें ऐतबार सा क्यूँ है

इन्द्रमोहन मेहता 'कैफ़'

~~

कोई आँसू नहीं, जुगनू नहीं, तारा भी नहीं
हिज़्र की रात में इतना सा उजाला भी नहीं

ज़ब्ते-एहसास[1] की रुत ने जिसे पाला है वो फूल
खिल के महका भी नहीं टूट के बिखरा भी नहीं

रौशनी और बढ़ाओ कि मिले कुछ तो सुराग़[2]
अब मेरे जिस्म में शायद मेरा साया भी नहीं

कितना वीरान हुआ जाता है यादों का सफ़र
अब जहाँ तक चले जाओ कोई साया भी नहीं

एक उलझन उसे अपना भी कहूँ तो कैसे
और पराया उसे समझूँ तो पराया भी नहीं

---

1. भावनाओं का संयम 2. अता-पता

∼∼

ये सफ़र ब-हर-सूरत तय मुझी को करना है
ज़ख़्म-ज़ख़्म जीना है साँस-साँस मरना है

अपनी कश्तियों के सब बादबाँ[1] गिरा डालो
एक सम्त[2] बहाना है एक घाट उतरना है

चाके-दिल[3] से दामन का रब्त[4] क्यूँ बढ़ाते हो
शहर छोड़ देने तक शहर से गुज़रना है

आँधियों के रस्ते में बस्तियाँ हैं यादों की
दिन सिमट लिए तो क्या रात भर बिखरना है

'कैफ़' रास्ते का वो मोड़ अभी नहीं आया
क़ाफ़िला उम्मीदों का जिस जगह ठहरना है

---

1. नाव का पाल 2. दिशा 3. टूटे दिल 4. सम्बन्ध

सादिक़

~~

रूप बदलती माया के सौ चेहरे आते-जाते
काया लेकर मिट्टी की हम क्या खोते क्या पाते

धीरे-धीरे हस्ती की सब ख़ाक झड़ी जाती थी
कच्चे बरतन आख़िर कब तक रूहों को ढो पाते

इक भारी पर्वत के नीचे सुबृह दबी थी अपनी
तितर-बितर सपनों को लेकर रात कहाँ बिसराते

जो कुछ सच था, अपने अंदर तक वह पैठ गया है
लहरें साँसों की गुज़रेंगी दुख सहते, ग़म खाते

हम आँधी में उखड़े पौधे और इतिहास हमारा
इतना ही है, धरती से छुट कर किसको अपनाते

≈~

बिछड़ा हरेक शख़्स भरे ख़ानदान का
मुझको यह शाप लग गया किस बेज़बान का

पैरों तले थे जितने समंदर सरक गए
अब क्या करूँगा देख के मुँह बादबान का

मेरे वजूद के कोई मानी नहीं रहे
पैना-सा एक तीर हूँ टूटी कमान का

आकाश कोसने से कोई फ़ायदा नहीं
बेहतर है नुक़्स देख लूँ अपनी उड़ान का

जब से हुआ है राज पिशाचों का शहर पे
जंगल में हमको ख़ौफ़ नहीं अपनी जान का

मैंने उठाए हाथ दुआ के लिए मगर
लाशा¹ ज़मीं पे आन-पड़ा आसमान का

---

1. लाश, मृत शरीर

जी. आर. 'कँवल'

~~

मेरी आँखों में अश्कों का समुन्दर कौन देखेगा
जिसे तुमने नहीं देखा वो मंज़र कौन देखेगा

ज़माने ने तो देखा है मेरा हँसता हुआ चेहरा
जो दुख पिन्हा है मेरे दिल के अन्दर, कौन देखेगा

नहीं देखा किसी ने जब कभी उजला बदन मेरा
तो फिर उस पर पड़ी मैली सी चादर कौन देखेगा

अँधेरा जब उजाले के बराबर हो नहीं सकता
अंधेरे को उजाले के बराबर कौन देखेगा

अभी तो देखता है मैकदा सारा मेरी जानिब
गिरेगा जब मेरे हाथों से साग़र, कौन देखेगा

चले जाओगे इक दिन रूठकर तुम जिसके आँगन से
कभी सोचा भी है तुमने कि वो घर कौन देखेगा

मुहब्बत मौजज़न[1] है जिसकी हर पाकीज़ा धड़कन में
'कँवल' तुमसे भला उस दिल को बेहतर कौन देखेगा

---

1. लहरा रही है

～～

मेरे नसीब में थी दोस्तो, किताब ग़लत
कहीं सवाल ग़लत था कहीं जवाब ग़लत

मेरे हरीफ़[1] को अहसास इसका था शायद
हुआ था मेरे मुक़ाबिल वो कामयाब ग़लत

मेरे गुनाह से बढ़कर सज़ा मिली मुझको
लिखा गया था यक़ीनन मेरा हिसाब ग़लत

क़दम-कदम पे मुझे शर्मसार होना पड़ा
कहीं गुनाह ग़लत था कहीं सवाब ग़लत

अजीब सिलसिला था ज़िन्दगी की रातों का
कभी तो नींद ग़लत थी कभी था ख़्वाब ग़लत

हरेक शख़्स ने धोखा मेरी नज़र को दिया
हरेक शख़्स था ओढ़े हुए नक़ाब[2] ग़लत

मैं अपनी तश्नालबी का इलाज क्या करता
कहीं तो जाम ग़लत था कहीं शराब ग़लत

मेरी नज़र ही 'कँवल' रौशनी से डरती थी
न आफ़ताब[3] ग़लत था न माहताब[4] ग़लत

---

1. विरोधी, शत्रु 2. परदा, घूँघट 3. सूरज 4. चांद

रमेश 'तन्हा'

~

नज़र के तसर्रुफ़[1] से क़ायम हैं सारे
ये धरती के चेहरे फ़लक के नज़ारे

कोई ख़ौफ़ क़दमों की ज़ंजीर बनकर
उसे कह रहा था किनारे किनारे

ज़मानो मकाँ की ख़बर है ये हस्ती
हक़ीक़त ने ढूँढे है क्या इश्तआरे[2]

मेरे जिस्म से मेरी पहचान क्या हो
ये कपड़े कई बार पहने उतारे

खुली आँख की नींद सब सो रहे हैं
नज़ारे कहाँ रह गए हैं नज़ारे

मुहब्बत की मौजें अगर दरमियाँ हैं
तो फिर दूर क्या हैं नदी के किनारे

अभी धूप रुख़्सत हुई ही थी 'तन्हा'
कोई आ गया साथ लेकर सितारे

---

1. महात्माओं आदि की अलौकिक शक्ति 2. रूपक

~~

यही आवाज़ का मौसम है न टालो मुझको
कुछ जवाबों से निपटने दो सवालो मुझको

मैं खरा सिक्का हूँ जब चाहे चला लो मुझको
सरे-बाज़ार न रह-रह के उछालो मुझको

आईने आज की तहज़ीब के सब पत्थर हैं
फिर से ढूँढो मेरे माज़ी[1] के हवालो मुझको

मैं न आग़ाज़[2] न अंजाम न पैकर[3] का असीर[4]
जानते ही नहीं तुम जानने वाली मुझको

कोई तो हक़ है अँधेरों का भी मुझ पर आख़िर
फिर किसी सोच में ढलने दो उजालो मुझको

ग़मे-अफ़्फ़ाक़ से निपटूँ तो मैं खुद की सोचूँ
अपना अहसास कहाँ चाहने वालो मुझको

मेरा क्या है मैं तो अहसास की लौ हूँ 'तन्हा'
जी में जब आए बुझा लो कि जगा लो मुझको

---

1. बीता हुआ समय 2. आरम्भ, शुरू 3. चेहरा, मुख 4. बन्दी

'सीमाब' सुल्तानपुरी

~~

ये देखना था कि दूँगा मैं वुसअतें[1] कैसी
क़लम ने सौंप दीं मुझको विरासतें कैसी

मेरी अना[2] को मेरे ख़ूँ से तोलने वाले
लगा रहे हैं मेरे सर की क़ीमतें कैसी

बड़े सलीक़े से उनको किताब में रख कर
वो कर रहा था गुलों की हिफ़ाज़तें कैसी

हज़ारों चेहरों को यकजा[3] करो तो फिर देखो
दिखाई देती हैं घुल मिल के सूरतें कैसी

मैं दश्ते जाँ का मुसाफ़िर हूँ रोज़े अव्वल से
बदन बदन ये मिली है मुसाफ़तें[4] कैसी

तहफ़्फ़ुज़ात की ख़ातिर जो सर पे रक्खी थीं
बनी हैं बारे गिरां अब वही छतें कैसी

चिराग़े-सब्र जलाया तो घर में ऐ 'सीमाब'
बिखर गई हैं हर इक सम्त बरकतें कैसी

---

1. विस्तार 2. आत्म-सम्मान 3. एकत्र 4. दूरियाँ

~~

शहर की धूप में जलते हुए चलना होगा
पेड़ होंगे भी तो साया न किसी का होगा

आओ बाज़ार से इक आईना ही ले आएँ
घर में आने पे कोई इक तो शनासा[1] होगा

मैं यही सोच के हो जाता हूँ कुछ और उदास
इस भरे शहर में तू भी तो अकेला होगा

कितना ख़ुश था मिरे चेहरे से बदल कर चेहरा
आईना देख के अब रोज़ वो रोता होगा

मैं न पूछूँगा कभी तुझसे न मिलने का सबब
जानता हूँ कि तिरे साथ बहाना होगा

मैं भी ऐ दोस्त! बहुत झुक के मिलूँगा तुझसे
जब मिरा क़द तिरे आकाश से ऊँचा होगा

ज़ख़्म होते ही नहीं दिल से अलग ऐ 'सीमाब'
हो न हो इनमें कोई ख़ून का रिश्ता होगा

---

1. पहचानने वाला

प्रेमबिहारी लाल सक्सेना 'रवाँ'

न दौरे-जाम है साक़ी, न रिन्दी है न मस्ती है
ये किस ढब का है मैख़ाना, ये कैसी मैपरस्ती है

मुझे अब मयक़दे में शीशा-ओ-साग़र से क्या लेना
कि मेरे दिल में चश्मे-शाहिदे-राना की मस्ती है

कभी वो भी ज़माना था कि हम दुनिया पे हँसते थे
कभी ये भी ज़माना है कि दुनिया हम पे हँसती है

मुहब्बत की कोई क़ीमत मुक़र्रर हो नहीं सकती
ये जिस क़ीमत पे मिल जाए उसी क़ीमत पे सस्ती है

मुहब्बत ही नहीं ख्वाहाँ जवानी के सहारे की
जवानी भी मुहब्बत के सहारे को तरसती है

समझ से अपनी बाहर है, समझ में आ नहीं सकता
तिलिस्मे-राज़े-हस्ती फिर तिलिस्मे-राज़े-हस्ती है

कोई माने न माने ऐ 'रवाँ' सच है यही लेकिन
हमारी वज्हे-बरबादी हमारी ख़ुद परस्ती है

~~

दिल के जज़्बात को अशआर में ढाला हमने
शायरी तुझसे बड़ा काम निकाला हमने

रात-दिन अपने कलेजे से लगाए रक्खा
दर्दे-दिल तुझको बड़े नाज़ से पाला हमने

क्यूँ किसी और को दुनिया में ख़तावार कहें
अपनी हस्ती को किया ख़ुद तहो-बाला हमने

तूने दुनिया के अँधेरों में धकेला हमको
तेरी दुनिया में किया फिर भी उजाला हमने

यूँ तो महफ़िल में 'रवाँ' और भी दीवाने थे
मोर्चा फिर भी सँभाला तो सँभाला हमने

सूर्यभानु गुप्त

अपने घर में ही अजनबी की तरह
मैं सुराही में इक नदी की तरह

एक ग्वाले तलक गया कर्फ्यू
ले के सड़कों को बन्सरी की तरह

किससे हारा मैं, ये मेरे अन्दर,
कौन रहता है ब्रूस ली की तरह

उसकी सोचो में मैं उतरता हूँ,
चाँद पर पहले आदमी की तरह

अपनी तनहाइयों में रखता है
मुझको इक शख्स डायरी की तरह

मैंने उसको छुपा के रक्खा है
ब्लैक आउट में रोशनी की तरह

टूटे बुत रात भर जगाते हैं,
सुख परीशां है गजनवी की तरह

बर्फ़ गिरती है मेरे चेहरे पर
उसकी यादें हैं जनवरी की तरह

वक्त-सा है अनन्त इक चेहरा
और मैं रेत की घड़ी की तरह

आँसुओं में भीगा है हर लिबास नस्लों का
कोई तो समझ पाता गम उदास नस्लों का,

कौन घाट उतरेंगी ये तो राम ही जानें,
दूर तक नहीं होई गमशनास नस्लों का

अपने दुख से छोटे हैं दुख तमाम दुनिया के
मुख्तसर न था इतना कैनवास नस्लों का

जिन्दगी नहीं जैसे भूत कोई देखा है,
हाल क्या सुनाएँ हम बदहवास नस्लों का

दर्द चद्रमुखियों के गेसुओं से लम्बा है,
खुदकुशी मुकद्दर है देवदास नस्लों का

हर कदम पे होते हैं कत्ल जिस इलाके में,
अब वही इलाका है सबसे खास नस्लों का?

बम मिसाइलें, दहशत, नक्ली सरहदें, वहशत,
अब इलाज है साहब किसके पास नस्लों का

गाय-बैल चरते हैं, रौंद कर निकलते हैं,
ये सदी इलाका है घास-घास नस्लों का

झाँकने कुएँ में भी आजकल नहीं आता,
बेवफा कन्हैया है सूरदास नस्लों का

विज्ञान व्रत

~~

जुगनू ही दीवाने निकले
अँधियारा झुठलाने निकले

ऊँचे लोग सयाने निकले
महलों में तहख़ाने निकले

वो तो सबकी ही ज़द में था
किसके ठीक निशाने निकले

आहों का अंदाज़ नया था
लेकिन ज़ख़्म पुराने निकले

जिनको पकड़ा हाथ समझकर
वो केवल दस्ताने निकले

~~

मैं था तनहा एक तरफ़
और ज़माना एक तरफ़

तू जो मेरा हो जाता
मैं हो जाता एक तरफ़

अब तू मेरा हिस्सा बन
मिलना-जुलना एक तरफ़

यूँ मैं एक हक़ीकत हूँ
मेरा सपना एक तरफ़

फिर उससे सौ बार मिला
पहला लमहा एक तरफ़

कुँअर 'बेचैन'

औरों के भी ग़म में ज़रा रो लूँ तो सुबह हो
दामन पे लगे दाग़ों को धो लूँ तो सुबह हो

कुछ दिन से मेरे दिल में नई चाह जगी है
सर रख के तेरी गोद में सो लूँ तो सुबह हो

पर बाँध के बैठा हूँ नशेमन में अभी तक
आँखों की तरह पंख भी खोलूँ तो सुबह हो

लफ़्ज़ों में छुपा रहता है इक नूर का आलम
यह सोच के हर लफ़्ज़ को बोलूँ तो सुबह हो

दुनिया के समुन्दर में है जो रात की कश्ती
उस रात की कश्ती को डुबो लूँ तो सुबह हो

जो बन के हवा रहती है इस जिस्म के अंदर
उस गंध को साँसों में समो लूँ तो सुबह हो

दुनिया में मुहब्बत-सा 'कुँअर' कुछ भी नहीं है
हर दिल में इसी रंग को घोलूँ तो सुबह हो

~~

दोनों ही पक्ष आए हैं तैयारियों के साथ
हम गर्दनों के साथ हैं वो आरियों के साथ

बोया न कुछ भी, फ़स्ल मगर ढूँढते हैं लोग
कैसा मज़ाक चल रहा है क्यारियों के साथ

कोई बताए, किस तरह उसको चुराऊँ मैं
पानी की एक बूँद है चिंगारियों के साथ

सेहत हमारी ठीक रहे भी तो किस तरह
आते हैं ख़ुद हक़ीम ही बीमारियों के साथ

कुछ रोज़ से मैं देख रहा हूँ कि हर सुबह
उठती है इक कराह भी किलकारियों के साथ

राजगोपाल सिंह

~~

कुछ न कुछ तो उसके-मेरे दरमियाँ बाक़ी रहा
चोट तो भर ही गई लेकिन निशाँ बाक़ी रहा

गाँव भर की धूप तो हँस कर उठा लेता था वो
कट गया पीपल अगर तो क्या वहाँ बाक़ी रहा

आग ने बस्ती जला डाली मगर हैरत है ये
किस तरह बस्ती में मुखिया का मकाँ बाक़ी रहा

खुश न हो उपलब्धियों पर ये भी तो पड़ताल कर
नाम है शोहरत भी है, पर तू कहाँ बाक़ी रहा

वक़्त की इस धुंध में सारे सिकन्दर खो गए
ये ज़मीं बाक़ी रही, बस आसमाँ बाक़ी रहा

~~

मैं रहूँ या ना रहूँ मेरा पता रह जाएगा
शाख़ पर यदि एक भी पत्ता हरा रह जाएगा

अपने गीतों को सियासत की जुबाँ से दूर रख
पंखुरी के वक्ष में काँटा गड़ा रह जाएगा

बो रहा हूँ बीज कुछ संवेदनाओं के यहाँ
खुश्बुओं का इक अनोखा सिलसिला रह जाएगा

मैं भी दरिया हूँ मगर सागर मेरी मंज़िल नहीं
मैं भी सागर हो गया तो मेरा क्या रह जाएगा

कल बिखर जाऊँगा हर सू मैं भी शबनम की तरह
किरणें चुन लेंगी मुझे, जग खोजता रह जाएगा

नवाज़ देवबन्दी

दिल धड़कता है तो आती हैं सदाएँ तेरी
मेरी साँसों में महकने लगीं साँसें तेरी

चाँद ख़ुद महवे-तमाशा था फलक पर उस दम
जब सितारों ने उतारी थीं बलाएँ तेरी

शे'र तो रोज़ ही कहते हैं ग़ज़ल के लेकिन
आ! कभी बैठ के तुझ से करें बातें तेरी

ज़हन-ओ-दिल तेरे तसव्वुर में घिरे रहते हैं
मुझको बाँहों में लिए रहती हैं यादें तेरी

मेरे क़ातिल भी, मसीहा भी, निगहबान भी ये
तेरी ज़ुल्फ़ें, तेरे रुख़सार, ये आँखें तेरी

क्यों मिरा नाम, मिरे शे'र लिखे हैं इनमें
चुग़लियाँ करती हैं मुझसे ये किताबें तेरी

बेख़बर ओट से तू झाँक रहा हो हमको
और हम चुपके से तस्वीर बना लें तेरी

~~

ओ शहर जाने वाले! ये बूढ़े शजर[1] न बेच
मुमकिन है लौटना पड़े गाँव का घर न बेच

•

आग मज़लूम[2] के घर में जो लगाई होगी
कुछ न कुछ आँच तो ज़ालिम पे भी आई होगी

•

कल तक लबों को जिनके मयस्सर[3] न थी हँसी
बे-साख़ता[4] हँसे हैं वही मेरे हाल पर

•

अंजाम उसके हाथ है आग़ाज़[5] करके देख
भीगे हुए परों से ही परवाज़[6] करके देख

---

1. पेड़ 2. सताया हुआ 3. प्राप्त 4. सहसा 5. आरंभ 6. उड़ान

बालस्वरूप 'राही'

हम पर दुख का परबत टूटा तब हमने दो-चार कहे
उस पे भला क्या बीती होगी जिसने शे'र हज़ार कहे

हमें ज़रा बनवास काटना पड़ा अगर कुछ दिन तो क्या
उसकी सोचो जो जंगल को ही अपना घर-बार कहे

सीधे-सच्चे लोगों के दम पर ही दुनिया चलती है
हम कैसे इस बात को मानें कहने को संसार कहे

अपना-अपना माल सजाए सब बाज़ार में आ बैठे
कोई इसे कहे मजबूरी, कोई कारोबार कहे

लूटमार में सबका यारो एक बराबर हिस्सा है
कोई किसको चोर कहे तो किसको चौकीदार कहे

अब किसके आगे हम अपना दुखड़ा रोएँ छोड़ो यार
एक बात को आखिर कोई बोलो कितनी बार कहे

ढूँढ रहे हो गाँव-गाँव में जा कर किस सच्चाई को
सच तो सिर्फ़ वही होता है जो दिल्ली दरबार कहे

ढोल पीटता फिरता था जो गली-गली में वादों का
इतना हाहाकार मचा है कुछ तो आख़िरकार कहे

लैला की उल्फ़त का सौदा नामुमकिन है दोस्त मगर
एक बार फिर तो दुहराना कितने थे दीनार कहे

जिनकी आँखों में ग़ैरत थी वे कब के बेनूर हुए
उसकी खुद्दारी क्या देखें जो खुद को खुद्दार कहे

शे'र वही हैं शे'र जो 'राही' लिखे खून या आँसू से
बाक़ी तो सब अल्लम-ग़ल्लम कहे मगर बेकार कहे

~≈~

किस महूरत में दिन निकलता है
शाम तक सिर्फ़ हाथ मलता है

वक़्त की दिल्लगी के बारे में
सोचता हूँ तो दिल दहलता है

हमने बौनों की जेब में देखी
नाम जिस चीज़ का सफलता है

तन बदलती थी आत्मा पहले
आजकल तन उसे बदलता है

एक धागे का साथ देने को
मोम का रोम-रोम जलता है

काम चाहे ज़ेहन से चलता हो
नाम दीवानगी से चलता है

उस शहर में भी आग की है कमी
रात-दिन जो धुआँ उगलता है

उसका कुछ तो इलाज करवाओ
उसके व्यवहार में सरलता है

सिर्फ़ दो-चार सुख उठाने को
आदमी बारहा फिसलता है

याद आते हैं शे'र 'राही' के
दर्द जब शायरी में ढलता है

शेरजंग गर्ग

~~

सतह के समर्थक समझदार निकले
जो गहरे में उतरे गुनहगार निकले

बड़ी शानो-शौक़त से अख़बार निकले
कि आधे-अधूरे समाचार निकले

ये जम्हूरियत के जमूरे बड़े ही
कलाकार निकले, मज़ेदार निकले

बिकाऊ बिकाऊ, नहीं कुछ टिकाऊ
मदरसे औ' मंदिर भी बाज़ार निकले

जिन्हें प्यार के अर्थ ही व्यर्थ लगते
वो इंसानियत के ख़रीदार निकले

किसी एक वीरान-सी रहगुज़र पर
फटे हाल मुफ़लिस वफ़ादार निकले

गुलाबों की दुनिया बसाने की ख़्वाहिश
लिए दिल में जंगल से हर बार निकले

~~

बुझ गई रोशनी रफ़्ता-रफ़्ता
खो गई हर ख़ुशी रफ़्ता-रफ़्ता

ढल गई शोख़ इश्तहारों में
वक़्त की सादगी रफ़्ता-रफ़्ता

मौत को हर लड़ाई में मारा
पर हुई ख़ुदकुशी रफ़्ता-रफ़्ता

बेरुख़ी, बेकली के जंगल में
जा फँसा आदमी रफ़्ता-रफ़्ता

दोस्ती की तरह चुभी दिल में
दुश्मनों की कमी रफ़्ता-रफ़्ता

'रज़ा' अमरोहवी

जो नेज़े पे था वो सर कह रहा है
मैं हक़ पर हूँ बराबर कह रहा है

ये किसके सर हैं जो खुद बोलते हैं
नगर में इक कलन्दर कह रहा है

बहुत सूखा गला था तश्नालब का
सितमगर चुप था ख़ंजर कह रहा है

जो हर मौजे-रवाँ पर हुक्मराँ था
वो प्यासा है समुन्दर कह रहा है

अँधेरों से उजाले छीन लेगा
यही उसका मुक़द्दर कह रहा है

यही तो जुर्म था उस हक़ निगर का
सितमगर को सितमगर कह रहा है

रिदाएँ छीनी हैं ख़ेमे जल रहे हैं
परेशानी का मंज़र कह रहा है

'रज़ा' जो मालिके-कोनो-मकाँ है
उसे हर शख़्स बेघर कह रहा है

~~

जो तारीख़[1] के कुछ हवालों में था
वही दर्द पाँवों के छालों में था

अँधेरे जहाँ रोज़ बिकते रहे
मैं बाज़ार के उन उजालों में था

जो नाकामियों में रहा कामराँ[2]
मेरा नाम ऐसी मिसालों[3] में था

मिले, मिल के बिछड़े अजब मोड़ पर
जवाबों का आलम सवालों में था

न कोई तअल्लुक़[4] न कोई लगाव
मगर एक चेहरा ख़यालों में था

मसाईल[5] ने जो ज़हर उगला था कल
वही आज मेरे निवालों में था

'रज़ा' तुमने मुँह तो लगाया नहीं
वही ग़म का तूफ़ान प्यालों में था

---

1. इतिहास 2. सफल 3. उदाहरण 4. सम्बन्ध 5. समस्याएँ

नूरजहाँ 'सरवत'

~~

महसूस हो रहा है कि दुनिया सिमट गई
मेरी पसंद कितने ही ख़ानों में बँट गई

तनहाइयों की बर्फ़ कि पिघली नहीं हनोज़[1]
वादों के ऐतबार की भी धूप छट गई

हमने वफ़ा निभाई बड़ी तम्कनत[2] के साथ
अपने ही बल पे ज़िंदा रहे उम्र कट गई

दौरे-ख़िरद[3] वो दौरे-ख़िरद है कि क्या कहें
क़ीमत बढ़ी है फ़न की मगर क़द्र घट गई

'सरवत' हरेक रुत में लपेटे रहे जिसे
वो नामुराद आस की चादर भी फट गई

---

1. अब तक 2. गर्व 3. बुद्धि का युग

~~

निस्बत[1] ही किसी से है न रखते हैं हवाले
हाँ, हमने जला डाले हैं रिश्तों के क़बाले[2]

बेरूह हैं अल्फ़ाज़, कहें भी तो कहें क्या
है कौन जो मानी के समंदर को खँगाले

जिस सिम्त भी जाऊँ मैं बिखर जाने का डर है
इस ख़ौफ़े-मुसलसल[3] से मुझे कौन निकाले

मैं दश्ते-तमन्ना[4] में बस इक बार गई थी
उस वक़्त से रिसते हैं मिरे पाँव के छाले

बेचेहरा सही फिर भी हक़ीक़त है हक़ीक़त
सिक्का तो नहीं है, जो कोई उसको उछाले

‘सरवत’ को अँधेरों से डराएगा कोई क्या
वो साथ लिए आई है क़दमों के उजाले

---

1. सम्बन्ध 2. मिल्कियत के दस्तावेज़ 3. निरंतर भय 4. इच्छाओं का मरुस्थल

सुरेश रामपुरी

~~

लोग अपने फ़र्ज़[1] से जब बेख़बर[2] हो जाएँगे
रास्ते तब ज़िन्दगी के पुरख़तर[3] हो जाएँगे

आज माना खो चुके हैं ऐतबार-ए-ज़िन्दगी[4]
है यक़ीं कामिल[5] के इक दिन मोतबर[6] हो जाएँगे

यह भी सच है दूरियाँ हैं मेरे-उसके दरमियाँ
एक दिन यह फ़ासले[7] भी मुख़्तसर[8] हो जाएँगे

हर तरफ़ ख़ुशियाँ ही ख़ुशियाँ सब को आएँगी नज़र
मेरी बस्ती के मकाँ[9] जिस रोज़ घर हो जाएँगे

अज़्मे-मोहकम[10] ले के मैं तन्हा[11] चला हूँ ऐ 'सुरेश'
हर क़दम पर साथ मेरे हमसफ़र हो जाएँगे

---

1. कर्तव्य 2. अनजान 3. संकट पूर्ण 4. जीवन विश्वास 5. पूर्ण विश्वास 6. विश्वसनीय
7. दूरियाँ 8. कम 9. मकान 10 मजबूत निश्चय 11. अकेला

~~

लूटा गया है मुझको अजब दिल्लगी के साथ
इक हादसा हुआ है मेरी बेबसी के साथ

मुझ पे लगा रहा था वही आज क़हक़हे
मिलता था मुझसे जो सदा शर्मिन्दगी के साथ

रस्म-ओ-रिवाज[1] और ज़माने की बन्दिशें
सब कुछ भुला दिया है तेरी बन्दगी[2] के साथ

मैं क्यों किसी से उसकी जफ़ा का गिला[3] करूँ
मजबूरियाँ बहुत हैं हर इक आदमी के साथ

मुन्सिफ़[4] के फ़ैसले से न मायूस[5] हो 'सुरेश'
इन्साफ़ हो सका न तेरी मुफ़लिसी[6] के साथ

---

1. रस्म और रिवाज 2. उपासना 3. शिकायत 4. न्यायाधीश 5. निराश 6. ग़रीबी

स्वामी श्यामानन्द सरस्वती 'रौशन'

ज़िन्दगी, आस की दुनिया का सँवर जाना है
मौत, इन्सान के सपनों का बिखर जाना है

हमसे क्या पूछते हो हम को किधर जाना है
हम तो खुशबू हैं बहरहाल बिखर जाना है

हम तो खुशबू हैं बहरहाल बिखर जाना है
और खुशबू का बिखर जाना सँवर जाना है

ज़िन्दा रहना है तो मरने का सलीक़ा सीखो
वरना मरने को तो हर व्यक्ति को मर जाना है

ज़िन्दगी क्या है—मुसाफ़िर का निरन्तर चलना
मौत चलते हुए राही का ठहर जाना है

आप औरों के हुनर को भी नहीं कहते हुनर
हमने तो आपके ऐबों को हुनर जाना है

प्यार की राह में काँटें हों कि शोले "रौशन"
हम गुज़र जाएँगे हमको तो गुज़र जाना है

~

दर्द का जल मिला नहीं होता
दिल का पौधा हरा नहीं होता

दिल का पौधा हरा नहीं होता
मैं ग़ज़ल से जुड़ा नहीं होता

मैं ग़ज़ल से जुड़ा नहीं होता
इस क़दर दिल खरा नहीं होता

इस क़दर दिल खरा नहीं होता
ज़िन्दगी यूँ जिया नहीं होता

ज़िन्दगी यूँ जिया नहीं होता
मैंने कुछ भी कहा नहीं होता

मैंने कुछ भी कहा नहीं होता
तुमने कुछ भी सुना नहीं होता

तुमने कुछ भी सुना नहीं होता
मैं यूँ 'रौशन' हुआ नहीं होता

'मंसूर' उस्मानी

शाम महफ़ूज़ है जिसकी न सहर है महफ़ूज़
फिर भी लोगों को गुमाँ है कि वो घर है महफ़ूज़

घर से निकला हूँ दुआओं का सहारा लेकर
वरना इस दौर में कब कोई सफ़र है महफ़ूज़

ज़ुल्म तो ज़ुल्म है ज़ालिम को पसीना आ जाए
वक़्त के ज़हन में ऐसी भी .खबर है महफ़ूज़

कितने लहजों ने उठाई है ग़ज़ल पर तलवार
मीरो-ग़ालिब का यहाँ फिर भी हुनर है महफ़ूज़

सच की आवाज़ में आवाज़ मिलाना 'मंसूर'
जब तलक जिस्म पे तेरे तेरा सर है महफ़ूज़

~~

कितने सर हो गए महरूमे-रिदा रात गए
रुख बदल कर जो चली बादे-सबा रात गए

काँप उठती है गुनाहों की फ़ज़ा रात गए
याद ज़ालिम को भी आता है ख़ुदा रात गए

क्या करें और अगर ख़ुद से ही बातें न करें
नींद आँखों से जो हो जाए ख़फ़ा रात गए

धड़कनें, आहटें, ख़्वाब, आस, तमन्ना, आँसू
सैकड़ों रूप बदलती है वफ़ा रात गए

आओ गुज़रे हुए लम्हों को पुकारे 'मंसूर'
नींद आई भी तो आएगी ज़रा रात गए

क़मर 'बरतर'

~~

तमाम उम्र ही मैं सोचता रहा तुमको
न सोचता तो कहाँ तक, न सोचता तुमको

ये ज़ख़्म-ज़ख़्म बहारें, ये दाग़-दाग़ फ़िज़ा
चमन, मिला तो चमन में ये क्या मिला तुमको

तमाम शहर की खुशियों से मिलके लौट गए
ये मेरा घर ही दिखाई नहीं दिया तुमको

परिन्दे ताक़ में खुशियाँ बसाने वाले हैं
हटाके तिनके, मिलेगा भी क्या भला तुमको

तुम्हारे मोम के कपड़े हैं, सोच लो 'बरतर'
कि रोज़ करना है सूरज का सामना तुमको

∼∼

एटमों का ख़तरा है, रात भारी-भारी है
आज ये ज़मीं मेरी, कितने दुख की मारी है

कौन इनको मानेगा, नाग काले-काले हैं
अब तो डसने वालों की, शक्ल प्यारी-प्यारी है

दोष क्या समन्दर का, क्या ख़बर समन्दर को
तुमने जो कुएँ खोदे, पानी उनका खारी है

डुगडुगी बजी लेकिन, कोई भी नहीं आया
कोई क्यों नहीं आया, सोच में मदारी है

लोग उसको कहते हैं, अमृतों का दरवाज़ा
साँप ने जहाँ 'बरतर' केंचुली उतारी है

अन्दाज़ देहलवी

~∾~

लहू जिनका बहाया जा रहा है
उन्हें क़ातिल बताया जा रहा है

जिन्हें मरने पे भी जलना नहीं था
उन्हें ज़िन्दा जलाया जा रहा है

वहाँ पर जिस्म बच्चे का नहीं है
जहाँ से सर उठाया जा रहा है

जिन्हें अच्छी तरह से जानता हूँ
मुझे उनसे मिलाया जा रहा है

अभी पूरी तरह जागे न थे हम
थपक कर फिर सुलाया जा रहा है

~~

वो एक ज़ख़्मी परिन्दा है, वार मत करना
पनाह माँग रहा है, शिकार मत करना

इरादा सामने वाला बदल भी सकता है
मुक़ाबिला ही सही, पहले वार मत करना

है दिल में और, ज़बाँ से कुछ और कहते हैं
तुम ऐसे लोगों में मेरा शुमार मत करना

बिछड़ के तुमसे मैं ज़िन्दा रहूँ, नहीं मुमकिन
ज़माना लाख कहे, ऐतबार मत करना

जहाँ से कह दो कि हममें नहीं कोई रंजिश
सहन को बाँट लो लेकिन दीवार मत करना

सुरेश 'नीरव'

~~

जिसने आँखों का बनाया कभी तारा मुझको
टूटे चश्मे की तरह उसने उतारा मुझको

कैसी आहट थी जो रुकने लगीं साँसें मेरी
किसने लहज़े में क़यामत की, पुकारा मुझको

थाम के हाथ मेरा जो भी बुलंदी पे गया
एक सीढ़ी की तरह उसने नकारा मुझको

धूल गर्दिश की रही चेहरे पे हर वक़्त जमा
आज आईने-सा ये किसने सँवारा मुझको

कोई अहसान न क़श्ती ने कभी हम पे किया
सिर्फ़ तूफ़ान ने सौंपा है किनारा मुझको

हर जुबाँ पर था तेरे नाम का चर्चा 'नीरव'
होती ये बात भला कैसे गवारा मुझको

~~

हुजूम यादों के कितने तू संग ले आई
हैं कितनी चाहतें तुझमें बता ऐ तनहाई!

महकते फूलों में शोहरत घुली है मौसम की
वफ़ा में इश्क़ को कहते हैं लोग रुसवाई

मेरा वजूद भी कब मेरा अब वजूद रहा
घटाएँ कैसी तू आँखों में अपने भर लाई

हज़ार सपने निछावर हैं उनकी आँखों पर
हैं उतनी बावफ़ा जितनी है उनमें गहराई

अजब तरह की शिकायत मिली है लोगों से
कसक दिलों की बढ़ा देती है ये पुरवाई

सजी हैं आज भी सुर-ताल में तेरी यादें
लरज़ के बजने लगे दिल की जिनसे शहनाई

'अल्हड़' बीकानेरी

~~

ख़ैर गुज़री कि तू नहीं दिल में
अब कोई आरज़ू नहीं दिल में

आईने का भरम भी टूट गया
अक्स वो हूबहू नहीं दिल में

गुम हुआ मैं भी, खो गया तू भी
अब कोई जुस्तजू नहीं दिल में

कौन सी शै से दिल मुख़ातिब हो
कोई शै रूबरू नहीं दिल में

मय पे मौक़ूफ़ धड़कनें दिल की
एक क़तरा लहू नहीं दिल में

ज़िक्रे-जामो-सुबू तो हैं 'अल्हड़'
फ़िक्रे-जामो-सुबू नहीं दिल में

---

1. शराब के प्याले और घड़े की चर्चा

~~

तेज़ तूफ़ान है महीनों से
लोग उतरें कहाँ सफ़ीनों से

इतना सामान क्यों तबाही का
ज़ेहन पूछेगा कब ज़हीनों से

क़हक़हे कर न दें मुझे पागल
ख़ुद पे रोया कहाँ महीनों से

इक सितारा हूँ, टूट जाऊँगा
देखते क्या हो दूरबीनों से

वो न जाने कहाँ हैं, कैसे हैं
उनको देखा नहीं महीनों से

तीर क्या ख़ाक मारते 'अल्हड़'
हाथ छोटे थे आस्तीनों से

प्रदीप चौबे

~~

इक कहानी और क्या
ज़िन्दगानी और क्या

चाहता है पेड़, बस
धूप, पानी और क्या

शोरो-गुल गर्दो-गुबार
राजधानी और क्या

प्रेम का मतलब तो प्रेम
इसके मानी और क्या

रंग, मस्ती, ख़्वाब, फूल
नौजवानी और क्या

शाप भी, वरदान भी
ज़िन्दगानी और क्या

~∾~

घबराया-घबराया हूँ
खुद से मिलकर लौटा हूँ

तू पत्थर मैं तिनका हूँ
तू डूबा, मैं बहता हूँ

हर दम तेरे साथ रहूँ
मैं क्या तेरा साया हूँ

हर चेहरा है एक किताब
सब को पढ़ता रहता हूँ

तुझको आईना समझूँ
मैं क्या कोई चेहरा हूँ

सलीम अंसारी

≈≈

शजर[1] तो कब का कट के गिर चुका है
परिंदा शाख़ से लिपटा हुआ है

समुन्दर साहिलों से पूछता है
तुम्हारा शहर कितना जागता है

हवा के हाथ ख़ाली हो चुके हैं
यहाँ हर पेड़ नंगा हो गया है

अब उससे दोस्ती मुमकिन है मेरी
वो अपने जिस्म के बाहर खड़ा है

बहाकर ले गईं मौजें घरौंदा
वो बच्चा किसलिए फिर हँस रहा है

---

1. पेड़

मुझको सज़ाए-मौत का धोका दिया गया
मेरा वुजूद मुझ में ही दफ़ना दिया गया

बोलो! तुम्हारी रीढ़ की हड्डी कहाँ गई
क्यों तुम को ज़िन्दगी का तमाशा दिया गया

आँखों को मेरी सच से बचाने की फ़िक्र में
टी वी के स्क्रीन पे चिपका दिया गया

साज़िश न जाने किस की बड़ी कामयाब है
हर शख़्स अपने आप में भटका दिया गया

लहजे में सच का ज़हर उगलने का जुर्म था
मेरी ग़ज़ल को धूप में झुलसा दिया गया

शगुफ़्ता 'ग़ज़ल'

~~~

वह पल मेरी हयात का कितना अजीब था
था वक़्त ऐतबार का, लेकिन सलीब था

नज़दीकियाँ मिलीं तो, यह महसूस भी हुआ
अपनों के दरमियान ख़याले-रक़ीब था

जैसे ही फ़सले-गुल में हमारे क़दम पड़े
गुलशन उजड़ गया यह हमारा नसीब था

एक तिश्नगी भटकती नज़र आई थी जहाँ
सुनते हैं उस मुक़ाम से दरिया क़रीब था

इस वास्ते नज़र से गिराई गई 'ग़ज़ल'
अच्छा था ख़ानदान, मगर कुछ ग़रीब था
~~~

~~

हर किसी का मुँह खुला था और हम ख़ामोश थे
तानाज़न[1] हर इक हुआ था और हम ख़ामोश थे

घर हमारा जल रहा था और हम ख़ामोश थे
हर तरफ़ कोहराम[2]-सा था और हम ख़ामोश थे

साअतें[3] ऐसी भी गुज़री हैं हमारी ज़ात[4] पर
शोर हम में हो रहा था और हम ख़ामोश थे

याद होगा ज़िन्दगी, महफ़िल में तेरी एक दिन
जुल्म हम पर हो रहा था और हम ख़ामोश थे

बेबसी में होंठ अपने सी लिए हमने 'ग़ज़ल'
दोस्त दुश्मन बन गया था और हम ख़ामोश थे

---

1. व्यंग्य करना 2. शोर/त्राहि-त्राहि 3. क्षण 4. व्यक्तित्व

ज़की तारिक़

~

इताब-ओ-रंज[1] का हर इक निशान बोलेगा
मैं चुप रहा तो शिकस्ता[2] मकान बोलेगा

अभी हुजूम है इसको जुलूस बनने दो
तेरे ख़िलाफ़ हर इक बेज़बान बोलेगा

हमारी चीख़ कभी बे-असर नहीं होगी
ज़मीं ख़ामोश सही आसमान बोलेगा

जो तुम सबूत न दोगे अज़ाब के दिन का,
गवाह बनके ये सारा जहान बोलेगा

कभी तो आएगा वो वक़्त भी 'ज़की तारिक़'
यक़ीन बन के हमारा गुमान बोलेगा

---

1. व्याकुलता और दुःख 2. टूटा हुआ

~~

नज़दीक से खुश रंग वो मंज़र नहीं देखा
तितली के परों को कभी छूकर नहीं देखा

माज़ी[1] की तरफ़ हमने पलटकर नहीं देखा
जब घर से निकल आए तो फिर घर नहीं देखा

शायद कि मयस्सर[2] हुआ दीवार को रोग़न
अब के तेरे कमरे में कलेण्डर नहीं देखा

जिस दर[3] से सुबुक[4] हो के पलट आई हो दस्तक
इन आँखों ने फिर भूल के वो दर नहीं देखा

तदबीर[5] पे मरकूज़[6] रहीं अपनी निगाहें
हाथों की लकीरों में मुक़द्दर नहीं देखा

पड़ते हैं भँवर कैसे तअल्लुक़ की नदी में
पानी में गिराकर कभी कंकर नहीं देखा

जब पाँव के छालों ने चराग़ों का दिया काम
फिर हमने कोई मील का पत्थर नहीं देखा

यूँ तन्ज़ न करते मेरी ग़रक़ाबी[7] पे 'तारिक़'
तुमने कभी आँखों का समन्दर नहीं देखा

---

1. भूतकाल 2. उपलब्ध 3. द्वार 4. रुसवा 5. उपाय 6. केन्द्रित 7. डूबना

'नज़ीर' फ़तेहपुरी

साँस का पत्थर उखड़ेगा तो देखेंगे
जिस्म का पैकर टूटेगा तो देखेंगे

कितना दम था ख़ेमे की बुनियादों में
ज़ोर हवा का टूटेगा तो देखेंगे

कितना ज़ोर था तूफ़ानी बरसातों में
बरगद कोई उखड़ेगा तो देखेंगे

पहली बूँद के क्या-क्या रूप अनूप रहे
सीप से मोती निकलेगा तो देखेंगे

रात ने कितने अश्क बहाए सुबह तलक
शाखा से पानी टपकेगा तो देखेंगे

अपनी उम्र के रंग कहाँ तक माँद पड़े
बच्चा तितली पकड़ेगा तो देखेंगे

किसने किसको कितने पत्थर मारे हैं
पहरा जिस दम उठेगा तो देखेंगे

हर्फ़ो-सदा ने मिलकर क्या गुलकारी की
ख़ून क़लम से टपकेगा तो देखेंगे

किसकी पेशानी ने कितने ज़ख़्म सहे
चाँद ज़मीं पर उतरेगा तो देखेंगे

जश्न मनाएँ क्यूँ माँगे किरणों का 'नज़ीर'
अपना सूरज चमकेगा तो देखेंगे

~~

उसको नींदें मुझको सपने बाँट गया
वक़्त भी कैसे-कैसे तोहफ़े बाँट गया

अगली रुत में किसको पहचानेंगे हम
अब के मौसम ढेरों चेहरे बाँट गया

इक दुनिया का दर्द बटाने वाला कल
फूलों की बस्ती में शोले बाँट गया

घर का भेदी लंका ढाने आया था
जाते-जाते भेद अनोखे बाँट गया

नफ़रत की दीवार उठाकर आँगन में
दोनों तरफ़ वो अंधे रिश्ते बाँट गया

ख़ामोशी की मुहर लगाकर आज 'नज़ीर'
कौन लबों को चीखते लहज़े बाँट गया

ओम 'राज़'

~~

शहर की गलियों से जब क़ैदी गुज़ारे जाएँगे
अध-खुली कुछ खिड़कियों से फूल मारे जाएँगे

रोकिए रंगी मिज़ाजी अब तो मीरे-शहर की
वरना गुलदस्तों की ख़ातिर सर उतारे जाएँगे

बुत बनाना है हुनर तो बुत सजाना भी है फ़न
करके घायल उँगलियाँ गेसू सँवारे जाएँगे

शाह का फ़रमान है शाही मुसव्वर के लिए
काग़ज़ों पर खुशनुमा चेहरे उभारे जाएँगे

'राज़' तारे तोड़ने वालों का है अब फ़ैसला
मरमरीं बुर्जों से ये सूरज उतारे जाएँगे

देर तक तन्हाइयों में सिसकियाँ रह जाएँगी
इस हसीं नक़्शे पे उजड़ी बस्तियाँ रह जाएँगी

बूढ़े बरगद की रिदा तो छीन लेंगीं आँधियाँ
जिस्म से शाखों के लिपटी पत्तियाँ रह जाएँगी

आप से माँगे हुए सब ख़ाब वापस कर दिए
पास मेरे आपकी बस चिट्ठियाँ रह जाएँगी

इक थका-हारा मुसाफ़िर राह में सो जाएगा
बस बँधी आँचल में सूखी रोटियाँ रह जाएँगी

बादशाह तो जंग लड़ते-लड़ते बूढ़ा हो गया
'राज़' महलों में जवाँ शहज़ादियाँ रह जाएँगी

ज्ञानप्रकाश विवेक

~~

मुझे तो दोस्तो! इस बात ने डराया है
कि अपने आपसे हर आदमी पराया है

ये राज़ मैंने बताया हर एक पत्थर को
कि मैंने अपना मकाँ काँच का बनाया है

वो फूट-फूट के रोया है बालकों की तरह
तुम्हारे शहर में जिसको भी गुदगुदाया है

पता लगाओ कि पत्थर का तो नहीं हूँ मैं
कि मुझको देख के हर काँच कँपकपाया है

पड़ी है गाँव के रस्ते में मुंतज़िर होकर
वो एक ठूँठ की बीमार-सी जो छाया है

हर एक शख़्स भटकता है इक बवण्डर-सा
कि ज़िन्दगी में यहाँ किसने चैन पाया है

मुझे लगा कोई उत्सव है दर्द का वह भी
कोई भी अश्क जब आँखों में टिमटिमाया है,

ग़लत पते का है मैं .ख़त हूँ कि डाकिया मुझको
पराए हाथ में हर बार देके आया है

~

इन बुझते चिराग़ों को जला क्यों नहीं देते
तहरीर अँधेरों की मिटा क्यों नहीं देते

सुनता नहीं आवाज़ जो बस्ती में तुम्हारी
जंगल में खड़े होके सदा क्यों नहीं देते

हम ख़ानाबदोशों का न घर है न ठिकाना
मत पूछो कि हम घर का पता क्यों नहीं देते

भूचाल की धमकी का अगर डर है तो लोगो
इन कच्चे मकानों को गिरा क्यों नहीं देते

हर शै का तुम्हें रूप नज़र आता है काला
आँखों से सियाह चश्मा हटा क्यों नहीं देते

वो पेड़ जो षड्यन्त्र करे धूप से मिलकर
उस पेड़ को तुम जड़ से गिरा क्यों नहीं देते

आलोक त्यागी

~~

तनहाई है, मन उनमन है, ऊपर से ये शाम हो गई
एक कशिश, पूरी शिद्दत से, आज हमारे नाम हो गई

धीरे-धीरे पीर बढ़ी और मन के कोप-भवन जा बैठी
वादों क़समों से बहलाने की कोशिश नाक़ाम हो गई

माना तेरी सीमाएँ हैं, तंग समाजों की चौहद्दी
उस बदनामी से क्या डरना जो कि बिल्कुल आम हो गई

आ जाओ तुम, आज भी जाओ, एक शम्स उफ़ कितनी मौतें
सदियों और युगों की इन दिन लम्हों में पहचान खो गई

कान मेरे दरवाज़े पर हैं, आँखों में सपने तिरते हैं
ऊपर की ख़ामोशी मन में हौले से तूफान बो गई

क़दम बढ़ाना और लौटाना, आना भी और न भी आना
इक पग पे आबाद ज़िंदगी, दूजे पग वीरान हो गई

आओ नये सिरे से लिख दें, पाप-पुण्य की परिभाषाएँ
इक आलिंगन और अचानक, ये दुनिया अंजान हो गई

पूरा जो आदमी हो वो आख़िर नहीं मिला
धड़ मिल गया अगर तो यहाँ सिर नहीं मिला

रिश्ते हैं आज के या कि बुत हैं ये काँच के
साबुत हैं चूँकि संग या क़ाफ़िर नहीं मिला

यारों की दोस्ती का यहाँ ज़िक्र क्या करें
उनसे गले मिले तो गला फिर नहीं मिला

हर हमसफ़र पे आज बस मंज़िल का जुनूँ है
हर डग का मज़ा ले वो मुसाफ़िर नहीं मिला

अपनी जड़ों से कटके सुकूँ एक ख़्वाब है
ये जिससे सीखते वो मुहाज़िर नहीं मिला

बदली हुई हवा मेरी छत से गुज़र गई
हसरत लिए हुए कि मैं बाहर नहीं मिला

अश्वघोष

~~

तख़्ती-बस्ता अब तक मुझमें
एक मदरसा अब तक मुझमें

भरी भीड़ में चलता सँग-सँग
तनहा रस्ता अब तक मुझमें

बहने को आतुर रहता है
सूखा दरिया अब तक मुझमें

बनते-बनते रह जाता है
घर का नक़्शा अब तक मुझमें

तड़प रहा है कोई परिन्दा
ऐसा लगता अब तक मुझमें

$\sim\!\sim$

फ़ुरसत मिले तो तुम कभी मेरे भी भीतर देखना
पत्थरों पर सिर पटकता इक समन्दर देखना

धूप, मिट्टी, खाद, पानी ने जिसे धोखा दिया
सब्ज़ धरती पर तड़पता तुम वो बंजर देखना

किस क़दर ख़ामोश लगती है हवा इस पल मगर
वक़्त आने पर कभी इसके भी तेवर देखना

जो तरसते ही रहे बस इक खिलौने के लिए
उन नरम हाथों में कल रंगीं कबूतर देखना

मेरे भीतर छा रही हैं क्यूँ अजब बेचैनियाँ
ख़्वाहिशों से जूझता ज़िद्दी मुक़द्दर देखना

लक्ष्मीशंकर वाजपेयी

~~

वो दर्द, वो बदहाली के मंज़र नहीं बदले
बस्ती में अँधेरों से भरे घर नहीं बदले

हमने तो बहारों का महज़ ज़िक्र सुना है
इस गाँव से तो आज भी पतझर नहीं बदले

खँडहर पे इमारत तो नई हमने खड़ी की
पर भूल ये की नींव के पत्थर नहीं बदले

बदले हैं महज़ क़ातिल और उनके मुखौटे
वो क़त्ल के अंदाज़, वो ख़ंजर नहीं बदले

उस शख़्स की तलाश मुझे आज तलक है
जो शाह के दरबार में जाकर नहीं बदले

कहते हैं लोग हमसे बदल जाओ ऐ शायर
पर हमने शायरी के, ये तेवर नहीं बदले

~~

खूब नारे उछाले गए
लोग बातों में टाले गए

जो अँधेरों में पाले गए
दूर तक वो उजाले गए

जिनसे घर में उजाले हुए
वो ही घर से निकाले गए

जिसने ज़्यादा उड़ानें भरीं
उसके पर नोंच डाले गए

जिनके मन में कोई चोर था
वो नियम से शिवाले गए

पाँव जितना चले उनसे भी
दूर पाँवों के छाले गए

इक ज़रा सी मुलाक़ात के
कितने मतलब निकाले गए

कौन साज़िश में शामिल हुए
किनके घर के निवाले गए

अब ये ताज़ा अँधेरे जियो
अब वो बासी उजाले गए

कुलदीप 'सलिल'

नया चाँद, सूरज नया चाहता हूँ
इक अच्छा-सा अब मैं खुदा चाहता हूँ

मैं अपने ज़हन की ही तंग इक गली में
घिरा हूँ कोई रास्ता चाहता हूँ

सुने हैं बहुत उसके चर्चे, मगर अब
उसे रूबरू देखना चाहता हूँ

मेरे पाँव की भटकनें थक चुकी हैं
मैं मंज़िल का अब कुछ पता चाहता हूँ

यह कहते हुए दम दिया तोड़ उसने
कि मेहनत का अपनी सिला चाहता हूँ

चकाचौंध इस रोशनी के शहर में
इक आँगन सितारों भरा चाहता हूँ

तेरी खूबियों में अभी देखना मैं
कोई बात सबसे जुदा चाहता हूँ

न जीने का ढब है न मरने की जुरत
'सलिल' जाने करना मैं क्या चाहता हूँ

~~

है जो कुछ पास अपने सब लिए सरकार बैठे हैं
जो चाहें आप ले जाएँ सरे-बाज़ार बैठे हैं

मनाओ जश्न मंज़िल पर पहुँच जाने का तुम लेकिन
ख़बर उनकी भी लो यारो जो हिम्मत हार बैठे हैं

तू अब उस शहर भी जाकर सुकूँ पाएगा क्या आख़िर
वहाँ भी कौन-से ऐ दिल तेरे ग़मख़्वार बैठे हैं

न तू आया, न याद आयी तेरी इक लम्बे अरसे से
हज़ारों काम होने पर भी हम बेकार बैठे हैं

उन्हीं से नाम है तेरा, न भूल इतना तो ऐ साक़ी
तेरे मैख़ाने में अब भी कुछ-इक खुद्दार बैठे हैं

गए वो वक़्त कहते थे कि इतने दोस्त हैं अपने
मुक़द्दर जानिए अच्छा अगर दो-चार बैठे हैं

किसी भी वक़्त आ सकता है अब पैग़ाम बस उसका
सुना जिस वक़्त से हमने 'सलिल' तैयार बैठे हैं

'बेदिल' सरहदी

यूँ घर को देखता हूँ हसरत भरी नज़र से
मैं आऊँगा न वापस जैसे कभी सफ़र से

पलकों पे आए थे जो कभी कैफ़-ए-सरख़ुशी[1] में
ऐ दोस्त उम्र भर हम उन आँसुओं को तरसे

दुनिया ये रंग-ओ बू[2] की ये कूचा गर्दियाँ[3] भी
रिश्ता न तोड़ पायीं इक भूली रहगुज़र[4] से

आँखें खुली हमारी जब गिर्द-ओ पेश[5] देखा
हम अपने आप ही से अब तक थे बेख़बर[6] से

बातों में उसकी आकर मंज़िल को भूल बैठा
मैं खो गया बिल आख़िर[7] घुल मिल के हम सफ़र[8] से

वो दोस्त हो कि दुश्मन कीजे यक़ीन किस का
इस दौर में तो सब कुछ मुमकिन है हर बशर[9] से

नाअहल[10] दोस्तों ने बख़्शी मुझे वो इज़्ज़त
मैं गिर गया हूँ 'बेदिल' ख़ुद अपनी ही नज़र से

---

1. निराशापूर्ण 2. अत्यानन्द 3. रंग और गंध 4. आवारगी 5. रास्ता 6. आसपास
7. बेसुध 8. अन्ततः 9. सहयात्री 10. मानव 11. अयोग्य

~~

लोग आते रहे और जाते रहे
सिलसिला यूँ ही दुनिया का चलता रहा

किसको फुर्सत थी इतनी कि पुरसिश[1] करे
कोई फुटपाथ पर ख़ून उगलता रहा

आँधियाँ बुग्ज़-ओ-नफ़रत[2] की चलती रहीं
फिर भी दीपक मुहब्बत का जलता रहा

बात 'बेदिल' सितारों से होती रही
क़तरा-क़तरा मगर चाँद ढलता रहा

---

1. सुध लेना 2. निन्दा और घृणा

गोविन्द 'गुलशन'

~~

वो हर क़दम पे साथ निभाने के बाद भी
रूठे हैं बार-बार मनाने के बाद भी

नींदों में चार चाँद लगाने के बाद भी
टूटे हमारे ख़्वाब सजाने के बाद भी

आते रहे वो याद भुलाने के बाद भी
जलता रहा चराग़ बुझाने के बाद भी

फिर उसके बाद ज़ुल्फ़ के हम पर हुए करम
पर्दा रहा, नक़ाब उठाने के बाद भी

जादू है मेरी आँख में कि उनके नाम में
उनका मिटा न नाम मिटाने के बाद भी

'गुलशन' में थीं जो ख़ुशबुएँ वो कम नहीं हुई
सारी फ़ज़ा को मस्त बनाने के बाद भी

बड़ी मुश्किल से पत्थर टूटता है
मगर दिल है कि अक्सर टूटता है

खुली आँखें रखें तो नींद ग़ायब
पलक झपकें तो मंज़र टूटता है

मसीहा से मेरे इतना ही कहना
बस अब साँसों का लश्कर टूटता है

सफ़ीना डूबता है ढील दें तो
अगर खीचें तो लंगर टूटता है

वहाँ बनती हैं नफ़रत की हवेली
जहाँ चाहत का छप्पर टूटता है

वहाँ दीवारें रह जाती हैं केवल
कहीं भी जब कोई घर टूटता है

शकील जमाली

~~

बोलता है तो पता लगता है
ज़ख़्म उसका भी नया लगता है

रास आ जाती है तन्हाई भी
एक-दो रोज़ बुरा लगता है

कितने ज़ालिम हैं ये दुनिया वाले
घर से निकलो तो पता लगता है

आज भी वो नहीं आने वाला
आज का दिन भी गया लगता है

बोझ सीने पे बहुत है लेकिन
मुस्कुरा देने में क्या लगता है

दो क़दम है अदालत—, लेकिन
सोच लो! वक़्त बड़ा लगता है

～～

अब काम दुआओं के सहारे नहीं चलते
चाबी न भरी हो तो खिलौने नहीं चलते

अब खेल के मैदान से लौटो मेरे बच्चो
ता उम्र बुजुर्गों के असासे[1] नहीं चलते

इक उम्र के बिछुड़ों का पता पूछ रहे हो
दो रोज़ यहाँ ख़ून के रिश्ते नहीं चलते

ग़ीबत[2] में निकल जाते हैं तफ़रीह के लम्हे
अब महफ़िले-याराँ में लतीफ़ें नहीं चलते

यह विल्स का पैकेट, ये सफ़ारी, ये नगीने
हुजरों[3] में मेरे भाई ये नक़्शे नहीं चलते

लिखने के लिए क़ौम का दुख-दर्द बहुत है
अब शे'र में महबूब के नख़रे नहीं चलते

---

1. सम्पत्ति 2. पीठ पीछे निन्दा 3. कोठरी

अनिल 'अभिषेक'

~~

जाने क्या कुछ सुन कर लौटा
चुप है वो जब से घर लौटा

बचपन का हर नन्हा सपना
थककर बूढ़ा हो कर लौटा

वो भी आग बुझाने निकला
वो भी हाथ जलाकर लौटा

जाने क्या साहिल से कहकर
उल्टे पाँव समन्दर लौटा

पैगम्बर,   अवतार,   देवता
इंसाँ क्या-क्या होकर लौटा

∼∼

अपना दर्द सुनाने बैठा
जैसे होंठ जलाने बैठा

समझ न पाया क्या समझाऊँ
जब खुद को समझाने बैठा

अरसा पहले बिखर गया था
किरचें आज उठाने बैठा

कमरे का सारा सन्नाटा
आकर फिर सिरहाने बैठा

देखें क्या-क्या तोहमत लेगा
वो किरदार बचाने बैठा

'आज़ाद' भावलपुरी

~~

आज मक़्तल[1] में गुल खिल गए
सर झुकाए से क़ातिल गए

हम तलाश-ए-बहाराँ में थे
राह में आप ही मिल गए

ज़िंदगी गुनगुनाने लगी
आप के लब जहाँ हिल गए

ज़ख़्म-ए-दिल उन की मुस्कान पर
कुछ खुले और कुछ सिल गए

उन के चलने की आवाज़ थी
या फ़रिश्तों के पर हिल गए

आप ने मुड़ के देखा हमें
दर्द को हौसिले मिल गए

खुशनसीबी से 'आज़ाद' को
आप से ऐहल-ए-दिल[2] मिल गए

---

1. क़त्लगाह 2. दिलवाले

छा रही हैं दुनिया पर आगही[1] की तन्वीरें[2]
हँस रही है तदबीरें, रो रही हैं तक़दीरें

आलमी विचारों के अपने पंख होते हैं
इन को छू नहीं सकतीं सरहदों की ज़ंजीरें

ज़ेहद-ए-हक़[3] की मंज़िल में मुत्तहिद[4] मिलीं अक्सर
क़ातिलों की शमशीरें, मुंसिफ़ों की तहरीरें

लूट के तमद्दुन[5] में जुर्म जन्म लेते हैं
रोग हैं मईशत[6] के क्या करेंगी ताज़ीरें[7]

आओ वक़्त मौज़ू[8] है अब इसे बदलने का
हो रही है सदियों से जिस जहाँ की तफ़सीरें[9]

---

1. ज्ञान 2. रोशनी 3. सत्य का संघर्ष 4. संयुक्त 5. संस्कृति 6. अर्थ व्यवस्था
7. दण्ड 8. उचित 9. परिभाषाएं

प्रदीप 'साहिल'

~~

हर नफ़स[1] कुछ माजरा ऐसा हुआ
इक भरम टूटा तो इक पैदा हुआ

इक कली हँसती हुई गुलज़ार[2] में
कह रही है फूल अब बूढ़ा हुआ

जिस्म मिल जाना ही क्या काफ़ी नहीं
जानो-दिल से कौन, कब, किसका हुआ

अब कोई चारा नहीं इसके सिवा
ये कहें कि जो हुआ अच्छा हुआ

एक मुद्दत से वो मेरे साथ है
गरचे इक मुद्दत से है बिछुड़ा हुआ

सोचकर उसको हँसाना दोस्तो
रो दिया करता है वो हँसता हुआ

मंज़िले-तस्कीन[3] तक पहुँचूँगा मैं
रहगुज़ारे-दर्द[4] से होता हुआ

---

1. घड़ी, पल 2. बाग़ीचा 3. आनंद रूपी लक्ष्य 4. पीड़ा रूपी मार्ग

~~

रहगुज़ारे-दर्द[1] की सारी कथा कह लीजिए
मंज़िलों पर जुस्तजू[2] का मर्सिया[3] कह लीजिए

एक रिश्ता है अभी बाक़ी हमारा आपसे
अब उसे कहिए तसव्वुर[4] या दुआ कह लीजिए

रंग हैं क़ायम अगर अपनी जगह पर दोस्तो
फिर मेरी आँखों को धुँधला आईना कह लीजिए

अब हिरासे वुसअते-शब[5] की यह तदबीर[6] है
चाँद को सूरज, अँधेरे को ज़िया[7] कह लीजिए

पूछते हैं लोग जब मुझसे जुदाई का सबब[8]
कह दिया करता हूँ, क़िस्मत का लिखा कह लीजिए

अब कहाँ वो रंगे-ख़ूने-दिल[9] की अक्कासी[10] कि अब
शे'र-गोई[11] को महज़ इक मशग़ला[12] कह लीजिए

हम मिटे जाते हैं 'साहिल' इब्तिदा-ए-शौक़ में[13]
आप चाहें तो इसी को इन्तिहा[14] कह लीजिए

---

1. दर्द रूपी रास्ता 2. तलाश 3. मृत्यु के बाद गाया जानेवाला शोकगीत (एक काव्य-विधा) 4. कल्पना 5. रात्रि के फैलाव की भयावहता 6. उपाय 7. प्रकाश 8. कारण 9. दिल के लहू का रंग 10 चित्रकारी 11. शायरी करना 12. कार्य 13 प्रेम के आरंभ में 14 चरमोत्कर्ष

'आलम' खुर्शीद

हाथ पकड़ ले अब भी तेरा हो सकता हूँ मैं
भीड़ बहुत है इस मेले में खो सकता हूँ मैं

पीछे छूटे साथी मुझको याद आ जाते हैं
वर्ना दौड़ में सबसे आगे हो सकता हूँ मैं

जाने कब समझेंगे जिन पर जान लुटाता हूँ
अपने दिल में नफ़रत भी तो बो सकता हूँ मैं

इक मासूम सा बच्चा मुझमें अब तक ज़िंदा है
छोटी-छोटी बात पे अब भी रो सकता हूँ मैं

सन्नाटे में हर पल दहशत गूँजा करती है
इस जंगल में चैन से कैसे सो सकता हूँ मैं

सोच-समझकर चट्टानों से उलझा हूँ वर्ना
बहती गंगा में हाथों को धो सकता हूँ मैं

शक़ होता है मुझको 'आलम' अपने दावे पर
देखूँ कब तक बोझ पराया ढो सकता हूँ मैं

~~

जंगल का अँधेरा है बहुत तेज़ हवा भी
और ज़िद है हमारी कि जलाएँगे दिया भी

मौसम की इनायत है कि साज़िश है फ़िजा की
अब लू की तरह लगने लगी बादे-सबा[1] भी

क्यों सर को झुकाएगा ज़माना तेरे आगे
कुछ और तुझे आता है रोने के सिवा भी

इस पेड़ से खुद टूट के अब फल नहीं गिरते
तू कब से खड़ा है कोई पत्थर तो चला भी

हीरे की तरह लगता है हर काँच का टुकड़ा
कमबख़्त अजब चीज़ है गुरबत[2] का नशा भी

---

1. सुबह की हवा 2. ग़रीब

खुर्शीद 'तलब'

~~

हर घड़ी काँपते हाथों की सलामी उसको
सुर्ख़रू करती रही मेरी गुलामी उसको

किसने बख़्शा है ये एहसास अधूरेपन का
अपनी हर शै में नज़र आती है ख़ामी उसको

तीरगी आँखों को और ज़ेहन को उलझन के सिवा
और क्या देगी तेरी तूलकलामी उसको

उसके हर काम में मर्ज़ी का कोई दख़्ल नहीं
सिर्फ़ हर बात में भर देनी है हामी उसको

वो सिसक उठता है फुटपाथ पे सर रख के 'तलब'
जब भी कहता है कोई शख़्स हरामी उसको

दिन ख़ौफ़ज़दा, सहमी हुई रात हमारी
बदली है कहाँ सूरत-ए-हालात हमारी

गिरते हैं कहाँ कट के दुआओं से भरे हाथ
होती है कहाँ ख़त्म मुनाजात हमारी

मिलते हैं पर मिटते हैं कहाँ फ़ासले दिल के
लाती है कहाँ रंग मुलाक़ात हमारी

इक धुन्ध की दीवार है अतराफ़ हमारे
तश्कीक की ज़द में है अभी ज़ात हमारी

अब ओस की बूंदों का सहारा भी नहीं है
कब हमको दग़ा दे गई बरसात हमारी

हर शे'र में उस शोख़ से होते हैं मुख़ातिब
शायद उसे लग जाए कभी बात हमारी

ये जंग भी हम अपने उसूलों से लड़ेंगे
होती है तो हो जाए 'तलब' मात हमारी

अनिरुद्ध सिन्हा

~~

आँखों से बरसता है ग़ैरों के बहाने
कटती हैं टहनियाँ भी फूलों के बहाने

सहमी सी वहीं रातें दिन की वो ख़्वाहिशें
पलकों के घरौंदे में सपनों के बहाने

दुल्हन सी पत्तियाँ जो शाख़ों से जुड़ी थीं
कँप-कँप के गिरी एक दिन झोंकों के बहाने

आख़िर तो ख़बर यह भी आएगी शहर में
है उसकी अदाकारी औरों के बहाने

चलने के दरमियाँ क्यों कहता है हमेशा
तिनके भी डराते हैं काँटों के बहाने

~~

क़लम तराश कर रखना हिसाब माँगेंगे
सफ़ों में क़ैद पड़े ख़त जवाब माँगेंगे

तड़पती चाह पर इतनी निगाह तो रखना
सफ़र में प्यासे हमेशा ही आब माँगेंगे

अगर सवाल हुआ तिश्नगी के बारे में
जवाब इसका यही है शराब माँगेंगे

लहूलुहान हुए हैं यक़ीन में आकर
दुआ क़बूल न होगी रकाब माँगेंगे

हवा में दर्द का देखो न शोर बढ़ जाए
हिना से हाथ रँगे इन्क़िलाब माँगेंगे

कृष्णकुमार 'नाज़'

~~

किसी तालाब पर गिरता हुआ कंकर बनाता है
मुसव्विर काँपती लहरों का जब मंज़र बनाता है

खुद उस पर तंज़ करती हैं बहुत मजबूरियाँ उसकी
कोई थक कर अगर फुटपाथ को बिस्तर बनाता है

नहीं शायद उसे मालूम वो नादान कितना है
कि सूरज के लिए जो मोम का ख़ंजर बनाता है

कई रंगों के संगम को अगर जीवन कहा जाए
तो हर पहलू से वो तसवीर को सुन्दर बनाता है

तुम उसके घर को देखो तो न छत है और न दीवारें
सुना है शहर में वो दूसरों के घर बनाता है

∼∼

हौसले दिल में जब मचलते हैं
कुछ नए रास्ते निकलते हैं

हमसफ़र आप हो गए जब से
ग़म खड़े दूर हाथ मलते हैं

तुम मुहब्बत को क्या समझते हो
बेजलाए चिराग़ जलते हैं

कोई जलता दीया बुझाना मत
अनगिनत साए साथ चलते हैं

दुख भी मेहमाँ हैं कुछ पलों के 'नाज़'
रातें ढलती हैं, दिन निकलते हैं

'हस्ती'

~~

हम ले के अपना माल जो मेले में आ गए
सारे   दुकानदार   दुकानें   बढ़ा   गए

बस्ती के क़त्ले-आम पे निकली न आह भी
ख़ुद को लगी जो चोट तो दरिया बहा गए

दुनिया की शोहरतें हैं उन्हीं के नसीब में
अंदाज़ जिनको बात बनाने के आ गए

फ़नकार तो ज़माने में गुम नाम ही रहे
ताज़िर थे जो हुनर के ज़माने पे छा गए

दोनों ही एक जैसे हैं कुटिया हो या महल
दीवारो-दर के मानी समझ में जो आ गए

नज़रें हटा लीं अपनी तो ये मोजज़ा हुआ
जल्वे सिमट के ख़ुद मेरी आँखों में आ गए

पंडित उलझ के रह गए पोथी के जाल में
क्या चीज़ है ये ज़िंदगी बच्चे बता गए

〜〜

चिराग़ हो के न हो दिल जला के रखते हैं
हम आँधियों में भी तेवर बला के रखते हैं

मिला दिया है पसीना भले ही मिट्टी में
हम अपनी आँख का पानी बचा के रखते हैं

बस एक ख़ुद से ही अपनी नहीं बनी वरना
ज़माने भर से हमेशा निभा के रखते हैं

हमें पसंद नहीं जंग में भी चालाकी
जिसे निशाने पे रखते, बता के रखते हैं

कहीं ख़ुलूस, कहीं दोस्ती, कहीं पे वफ़ा
बड़े करीने से घर को सजा के रखते हैं

अना पसंद है 'हस्ती' जी सच सही लेकिन
नज़र को अपनी हमेशा झुका के रखते हैं

सत्यप्रकाश उप्पल

आपका   ऐतबार   कौन   करे
सुबह तक इंतज़ार कौन करे

खून सारा निचोड़ कर अपना
इस ख़िज़ाँ को बहार कौन करे

टीस दिल में छुपा के रखता हूँ
दर्द को इश्तिहार कौन करे

आसमाँ जागता रहे शब भर
चाँद को होशियार कौन करे

दिल के ज़ख़्मों का कुछ हिसाब नहीं
ज़ख़्म मेरे शुमार कौन करे

क़र्ज़-सी ज़िन्दगी गुज़ारी है
मौत से अब उधार कौन करे

~~

मैं नई राह जब दिखाता हूँ
सामने इक सलीब पाता हूँ

फ़ासिले और मुँह चिढ़ाते हैं
जब कभी दूरियाँ मिटाता हूँ

दर्द से चीख़ता रहा हूँ मैं
अब वही दर्द गुनगुनाता हूँ

ख़ूबसूरत क़िताब से चेहरे
रोज़ पढ़ता हूँ भूल जाता हूँ

आप जिस पर यक़ीन करते हो
शख़्स वह क्या है मैं बताता हूँ

वक़्त ने क्या मिज़ाज बदला है
देख कर काँप-काँप जाता हूँ

भोर का आख़िरी सितारा हूँ
सुब्ह को मैं करीब पाता हूँ

अंसार 'क़म्बरी'

मुझपे वो मेहरबान है शायद
फिर मेरा इम्तिहान है शायद

उसकी ख़ामोशियाँ ये कहती हैं
उसके दिल में ज़बान है शायद

मुझसे मिलता नहीं है वो खुलकर
कुछ-न-कुछ दरमियान है शायद

मेरे दिल में सुकून पाएगा
दर्द को इत्मेनान है शायद

उसके जज़्बों की क़ीमतें तय हैं
उसका दिल भी दुकान है शायद

फिर हथेली पे रच गई मेंहदी
फिर हथेली पे जान है शायद

बात सीधी है, और गहरी भी
'क़म्बरी' का बयान है शायद

~~

मुझे वो ऐसे अक्सर तोड़ता है
कि आज़र जैसे पत्थर तोड़ता है

उसे भूला तो खो जाऊँगा मैं भी
मेरी हिम्मत को ये डर तोड़ता है

सजाए रख इन्हें पलकों पे अपनी
ये मोती काहे रोकर तोड़ता है

तुम्हारी क्या हक़ीक़त है ये कह कर
नदी का दिल समुन्दर तोड़ता है

वही रिश्ता है जो जोड़े है सबको
अगर बिगड़े वही घर तोड़ता है

बनाए जो महल ख़्वाबों में उसने
उन्हीं महलों को दिन-भर तोड़ता है

कोई बच्चा नहीं है 'क़म्बरी' अब
पर आईने से पत्थर तोड़ता है

गुलशन मदान

~~

इक मुद्दत के बाद कहानी
आई है फिर याद कहानी

अपना लहजा सीधा सादा
उनकी हर इक दाद कहानी

दिल तो उजड़ा है पर अब तक
दिल में है आबाद कहानी

अपना चर्चा यूँ होता है
जैसे हो दिलशाद कहानी

दिल में घर मत करने देना
कर देगी बरबाद कहानी

ग़म का मारा होगा कितना
जिसने की ईजाद कहानी

≈≈

हर क़दम बेबसी न दे मुझको
तू भले ही ख़ुशी न दे मुझको

पाँव हैं तो सफ़र भी दे कोई
यूँ ही आवारगी न दे मुझको

कुछ नज़र ही न आए आँखों को
इस क़दर रोशनी न दे मुझको

कोई तो दे सबब भी जीने का
बेसबब ज़िन्दगी न दे मुझको

ऐसे जीने से मौत बेहतर है
रोज़ की ख़ुदकुशी न दे मुझको

अशोक रावत

~≈~

मौसम पर मन का कोई अधिकार नहीं
बादल हैं पर बारिश के आसार नहीं

बस्ती में कुछ लोग न मारे जाते हों
याद हमें ऐसा कोई त्यौहार नहीं

प्यार-मुहब्बत सीधे-सादे रस्ते हैं
कोई इन पर चलने को तैयार नहीं

सब मन की कमज़ोरी होती है वरना
गिर न सके ऐसी कोई दीवार नहीं

लोगों से उम्मीद नहीं सच बोलेंगे
सच सुनने को जब कोई तैयार नहीं

हार उसूलों की ख़ातिर तो है मंज़ूर
जीत हमें पर शर्तों पर स्वीकार नहीं

जाने क्यूँ अब शायर के होंठों पर भी
दिल को छू लेने वाले अश्आर नहीं

~~

फूलों का अपना कोई परिवार नहीं होता
खुशबू का अपना कोई घर-द्वार नहीं होता

हम गुज़रे कल की आँखों का सपना ही तो हैं
क्यों मानें सपना कोई साकार नहीं होता

इस दुनिया में अच्छे लोगों का ही बहुमत है
ऐसा अगर न होता ये संसार नहीं होता

कितने ही अच्छे हों काग़ज़ पानी के रिश्ते
काग़ज़ की नावों से दरिया पार नहीं होता

हिम्मत हारे तो सब कुछ नामुमकिन लगता है
हिम्मत कर लें तो कुछ भी दुश्वार नहीं होता

वे दीवारें घर जैसा सम्मान नहीं पातीं
जिनमें कोई खिड़की कोई द्वार नहीं होता

राजेश रेड्डी

~~

दिन की हक़ीक़ते हैं क्या रातों के ख्वाब क्या
आखिर है ज़िन्दगानी का लुब्बे-लुबाब[1] क्या

हर रात चाँद आता है किसकी तलाश में
हर रोज़ ढूँढता है यहाँ आफ़ताब क्या

पूछ जो आसमान ने क्या हालचाल हैं
मुश्किल में पड़ गई है ज़मीं दे जवाब क्या

उलझी हुई है दुनिया दिमाग़ों की जंग में
ऐसे में काम आएगी दिल की किताब क्या

ख़ुशियाँ तो उँगलियों पे कई बार गिन चुके
पर ग़म हैं बेशुमार, ग़मों का हिसाब क्या

---

1. निमीड़, तात्पर्य

~~

जाने कितनी उड़ान बाकी है
इस परिन्दे में जान बाक़ी है

जितनी बँटनी थी बँट चुकी ये ज़मीं,
अब तो बस आसमान बाक़ी है

अब वो दुनिया अजीब लगती है
जिसमें अम्नो-अमान बाक़ी है

इम्तिहाँ से गुज़र के क्या देखा
इक नया इम्तिहान बाक़ी है

सर क़लम होंगे कल यहाँ उनके
जिनके मुँह में ज़ुबान बाक़ी है

मृदुला अरुण

~~

तू अगर मेरा हमनशीं होता
कुछ ज़माने का कम नहीं होता

दर्द मिलता मगर खुलूस के साथ
हादिसा ही सही हसीं होता

रुख हवाओं के भी पलट जाते
तुझको खुद पर अगर यक़ीं होता

आसमाँ से ये पूछ कर देखो
कैसा होता वो गर ज़मीं होता

घिर के काँटों में मुस्कुराता है
हौसला गुल का कम नहीं होता

≈≈

नज़रों से मेरी नज़रों का सद्का उतार कर
सारी उदासियाँ वो ले गया बुहार कर

मैं खुद ही खुद से हो गई हूँ कितनी अजनबी
लौटी हूँ उसकी बज़्म से कुछ पल गुज़ार कर

देखी है मैंने उसकी दुश्मनी खुद उसके साथ
वो मुझको जीत ले न कहीं खुद को हार कर

उसकी हथेलियों की लकीरों में मैं न थी
लौटा गया नसीब जो मेरा सँवार कर

मसरूफ़ियत हटी तो मेरी याद आ गई
फ़ुरसत मुझे नहीं है, अब तू इन्तज़ार कर

महेश 'मंज़र'

~~

देख, है कितना सुन्दर, देख
मेरी आँख से मंज़र देख

चाँद तुझी से मिलने आया
अपनी छत पर जाकर देख

खुशियाँ दूनी हो जाएँगी
मेरे साथ भी हँसकर देख

दुनिया एक कसौटी है
इस पर खुद को कस कर देख

जीने का हक़ मिल जाएगा
हक़ की ख़ातिर मरकर देख

≈≈

वो मेरे रूबरू[1] होकर न कुछ मेरी ख़बर देगा
मुझे पहचानने से आईना इन्कार कर देगा

लिखी है जो हवाओं पर इबारत[2] मैं वो पढ़ लूँगा
मुझे उम्मीद है मुझको वो इक ऐसी नज़र देगा

मेरे ज़ख़्मों को सीने जो मसीहा बनके आया है
मुझे डर है वो मौक़ा पाके मुझको क़त्ल कर देगा

वो जिसने मुझको भटकाया है सारी उम्र सहरा[3] में
मुझे मालूम है इक दिन वही दीवारो-दर[4] देगा

नहीं चाहेगा तो वो ख़ाक कर देगा मुझे 'मंज़र'
अगर चाहेगा वो मुझको बियाबाँ[5] में शजर[6] देगा

रशीद अफ़रोज़

~~

लाख हँस बोल लें हम, फिर भी गिला रहता है
कोई मौसम हो मगर ज़ख्म हरा रहता है

कुछ तबीअत को है अफ़सुर्दा दिली से निस्बत
और कुछ रंज भी पल्ले से सिया रहता है

'की मेरे क़त्ल के बाद उसने जफ़ा से तौबा'
अब मेरे एक में वो मसरूफ़े-दुआ रहता है

किस तरह .खज्चले-दिल में छुपा औरों का गुज़र
लोग कहते हैं कि इस घर में खुदा रहता है

उस घड़ी हम ने भी चाहा कि पलट कर देखें
जिस घड़ी हम पे ये दरवाज़ा खुला रहता है

धूप भी चाहिए; पानी भी, हवा भी, वर्ना
बीज मिट्टी में दबा हो तो दबा रहता है

~~

जब बुरा वक़्त हो, साया भी बुरा लगता है
आज हर शख़्स हमें, हमसे जुदा लगता है

दश्ते-उम्मीद की महकी हुई ख़ामोशी में
इक तेरा नाम ही बस एफ़-दुआ लगता है

सब्ज़ पत्तों पे चमकती हुई शबनम ने कहा
रात ढल जाए तो हर रंग नया लगता है

हम भरी बज़्म में चुप हैं कि हमें तेरे सिवा
अब कोई और पुकारे तो बुरा लगता है

वो तो हम थे कि तुझे भीड़ में पहचान लिया
तुझको ये वहम कि तू सबसे जुदा लगता है

ज़र्द मिट्टी के सिवा क्या है बदन का जादू
क्यों मेरा अक़्स मुझे इस के सिवा लगता है

चंद सिक्कों के लिए नफ़्स को बेचा जिसने
वो परिशाँ है कि हर शख़्स खुदा लगता है

ज़िन्दगी हम तेरे ममनून बहुत हैं, लेकिन
तू ने एहसान जताया तो बुरा लगता है

'अन्जुम' बाराबँकवी

हर एक लफ़्ज़ में सीने का नूर ढाल के रख
कभी कभार तो काग़ज़ पे दिल निकाल के रख

जो दोस्तों की मुहब्बत से जी नहीं भरता
तो आस्तीन में दो-चार साँप पाल के रख

तुझे तो कितनी बहारें सलाम भेजेंगी
अभी ये फूल-सा चेहरा ज़रा सँभाल के रख

यहाँ से धूप के नेज़े बुलन्द होते हैं
तमाम छाँव के क़िस्सों पे ख़ाक डाल के रख

महक रहे कई आसमान मिट्टी में
क़दम ज़मीने-मुहब्बत पे देखभाल के रख

दिलो-दिमाग़ ठिकाने पे आने वाले हैं
अब उसका ज़िक्र किसी और दिन पे टाल के रख

~~

मेरे सुख़न में हों शामिल दुआएँ भी सबकी
मैं अपने .ख़ून से लिक्खूँ नवाज़िशें रब की

ज़मीं के सारे ख़ुदाओं को टोक देता था
मेरा ज़मीर था ज़िन्दा ये बात है तब की

किसी के नाम की बिखरी है चाँदनी घर में
बदन समेट के चलती है तीरगी शब की

मुसाहेबत का हुनर तो सिखाएँगे 'ग़ालिब'
जनाबे 'मीर' बताएँगे नाज़ुकी लब की

हमें शऊरे-वफ़ा है तो ग़म उठाते हैं
तुम्हें तो .ख़ून रुलाएगी पैरवी सब की

'इन्तज़ार' गाज़ीपुरी

~

शहरे-बुताँ में क्या रहें, जिसमें कोई वफ़ा नहीं
लाख जतन किए मगर, सँग पे गुल खिला नहीं

रोज़ समुन्दरों के बीच, डूब रही है किश्तियाँ
देखा है दूर-दूर तक कोई भी नाखुदा नहीं

अब्र जो था चला गया और मुझे रुला गया
इतने बड़े जहान में मेरे लिए घटा नहीं

मुल्क में जो ग़रीब थे और ग़रीब हो गए
रोटी उन्हें मिली नहीं, रहने को घर मिला नहीं

अहृद तो बस किया गया अहृद वफ़ा नहीं हुआ
अब उसके 'इन्तज़ार' में पहले सा वह मज़ा नहीं

~~

कहीं शबनम, कहीं ख़ुशबू, कहीं ताज़ा कली रखना
पुरानी डायरी में .ख़ूबसूरत ज़िन्दगी रखना

भरम रह जाएगा आँसू का, ग़म का और चेहरे का
तुम उसके सामने होटों पे मसनूई[1] हँसी रखना

यहाँ पर आँधियों का आना-जाना रोज़ रहता है
बड़ी मुश्किल है कमरे में ज़रा-सी रौशनी रखना

ग़रीबों के मकानों पर सियासत .ख़ूब चलती है
कहीं पर आग रख देना, कहीं पर चाँदनी रखना

वफ़ा जब भूल जाती है कहीं मीरा, कहीं राधा
किशन भी छोड़ देता है लबों पर बाँसुरी रखना

तुम्हें तो दर्द के फूलों को दिल में ताज़ा रखना है
दिले-पुर-सोज़ रखना, पर न आँखों में नमी रखना

---

1. बनावटी

अखिलेश तिवारी

~~

ख़िज़ाँ वो मेरे लिए यूँ बहार करता था
मैं अपने ज़ख़्म गुलों में शुमार करता था

ज़माने भर से मुझे होशियार करता था
अगरचे ख़ुद वही मेरा शिकार करता था

अमीरे-शहर ने इसको भी जुर्म ठहराया
ग़रीब लफ़्ज़ों को मैं बावकार करता था

उसे न रोक सकी कश्तियों की मज़बूरी
वो हौसलों से ही दरिया को पार करता था

सुकून, प्यार, वफ़ा, दोस्ती, रवादारी
वो क्या था जिसका बशर इन्तिज़ार करता था

नफ़स नफ़स में हैं तारीकियाँ कहाँ रख दूँ
मैं इक चिराग़ उजाले कहाँ कहाँ रख दूँ

है इक ज़माने की इनसे मेरी शनासाई
तुम्हीं कहो कि ये तन्हाइयाँ कहाँ रख दूँ

उड़ा रहे हैं सब अपनी उड़ान के क़िस्से
मैं अपने टूटे परों के बयाँ कहाँ रख दूँ

छुपाऊँ शाहजहाँ से मैं ख़ुद को लाख मगर
जो ताज गढ़ती है वो उंगलियाँ कहाँ रख दूँ

हसद की रेत है हद्दे-निगाह तक 'अखिलेश'
मैं ये ख़ुलूस की कश्ती यहाँ कहाँ रख दूँ

इनआम 'शरर' अय्यूबी

~~

बाँटते-बाँटते दुनिया को उजाला सूरज
किसको मालूम था हो जाएगा काला सूरज

गर्दिशें जितनी हैं क़िस्मत की वो पूरी होंगी
कल भी निकलेगा यही डूबने वाला सूरज

रोशनी करता है तक़्सीम बराबर सबको
ये नहीं जानता मस्जिद या शिवाला सूरज

रोज़ होती है किसी जगह कयामत बरपा
रोज़ बन जाता है ये ख़ून का प्याला सूरज

उसकी तारीफ़ में अल्फ़ाज़ कहाँ से लाऊँ
ऐ 'शरर' जिसने अँधेरों से निकाला सूरज

या रब मेरे वजूद को वो इख़्तियार दे
जो ज़िन्दगी को धूप में हँसकर गुज़ार दे

बे ज़ौक चल पड़े जो हर इक जुल्म के ख़िलाफ़
जुर्रत मेरे क़लम को वो परवरदिगार दे

लफ़्ज़ों को दे लिबासे-मआनी अदीबे-नौ
ये क्या कि रूहे-फ़िक्र के कपड़े उतार दे

रहमो-करम पे जीने का मतलब ही मौत है
ऐसी तमाम ख्वाहिशें गिन-गिन के मार दे

इंसाँ के इख़्तियार से बाहर नहीं 'शरर'
हर दिल में एक इल्म का सूरज उतार दे

लक्ष्मण

~~

इक भरोसा दरमियाँ होते हुए
लुट गया घर पासबाँ होते हुए

रह सकेगा आदमी खुश किस तरह
दोस्त इतने महरबाँ होते हुए

कुछ रही होंगी अकथ मजबूरियाँ
चुप रहे मुँह में जुबाँ होते हुए

देख पाती जंग की दीवानगी
काश, ये बच्चे जवाँ होते हुए

आदमी कितना अकेला रह गया
बस्तियों की बस्तियाँ होते हुए

तू घड़ी भर भी न मुझसे दूर था
फ़ासले सौ दरमियाँ होते हुए

ज़िन्दगी भर एक घर ढूँढा किये
इक भरा-पूरा मकाँ होते हुए

~~

क़द्र खोकर जब किसी को क़द मिले
सिर्फ़ शोहरत ही उसे अज़हद[1] मिले

कुछ तो दे, झूठी दिलासा ही सही
हौसलों को कोई तो मक़सद मिले

जाने क्या था जिसको लिख पाया नहीं
उसके घर से अधलिखे कागद मिले

कोई बेमतलब न मुझ को मिल सका
दोस्त वैसे तो मुझे बेहद मिले

आ, उदासी ओढ़कर सो जाएँ हम
ख़्वाहिशों की काश, कोई हद मिले

क्या करें बौनी तमन्नाएँ, ऐ दोस्त
इक इरादा काश, आदम-क़द मिले

जिस्म के तारीकख़ानों[2] से गुज़र
तब उजालों की कोई सरहद मिले

____
1. हद से 2. अँधेरे-घर

मनोज अबोध

~~

ख़ाना-पूरी है शायद
बहुत ज़रूरी है शायद

दोनों हैं बेचैन बहुत
बात अधूरी है शायद

ढूँढ रहा है ख़ुद को ही
मृग-कस्तूरी है शायद

आँसू ठहरे पलकों पर
कुछ मजबूरी है शायद

गुम-सुम-से बैठे हो क्यों
दिल से दूरी है शायद

सूरज अनशन पर बैठा
दिन जमहूरी है शायद

देखो, किसने दस्तक दी
शाम-सिंदूरी है शायद

~~

ठोकर खा, पछताकर देख
आँख ज़रा छलकाकर देख

धर्म धरा रह जाएगा
पैसे चार कमाकर देख

फिर न हँसेगा मुझ पर तू
मन का चैन लुटाकर देख

खुद भी तू जल जाएगा
नफ़रत को दहकाकर देख

मुझमें क्या है? क्या हूँ मैं
मुझको गले लगाकर देख

सुनील 'दानिश'

~~

कहीं पर आस्माँ भी सर झुका के
बुलाता है ज़मीं को मुस्कुरा के

गुज़रते वक़्त से आँखें मिला के
बुझे हम भी मगर शम्एँ जला के

उसी ने फिर मुझे अपना कहा है
भुला देता है जो अपना बना के

चराग़ों की हिमायत कर रहा है
रहा है साथ जो अक्सर हवा के

सितारों में उन्हें हम ढूँढते हैं
गए दुनिया से जो दामन छुड़ा के

कभी कहते हैं हम धरती को माँ भी
कभी होते हैं खुश क़ीमत लगा के

बड़ा क्या ख़ाक हो पाएगा 'दानिश'
कोई भी फ़र्ज़ से आँखें चुरा के

~~

सूरज है आस्माँ पे उजाला ज़मीन पर
है आस्माँ का आज भी पहरा ज़मीन पर

आया था कल जो ख़ुल्द से आदम की शक्ल में
दिखता नहीं है आज वो चेहरा ज़मीन पर

क़ुदरत के इन्तज़ाम को तक़सीम कर दिया
हमने बना के मुल्कों का नक़्शा ज़मीन पर

दुनिया से ही तो मिलता है जन्नत का रास्ता
दिखता नहीं है वैसे तो ज़ीना ज़मीन पर

हमसे तो देखभाल भी उसकी न हो सकी
पुरखे उतार लाए थे गंगा ज़मीन पर

है मुर्ग़ को गुमान कि उसकी ही बाँग से
होता है रोज़ एक सवेरा ज़मीन पर

कहते हैं रिश्ते आस्माँ से बन के आए हैं
'दानिश' उन्हें भी हमने निभाया ज़मीन पर

'मासूम' ग़ाज़ियाबादी

~~

किसी के घर का बँटवारों से अंदाज़ा नहीं होता
हो किस की जीत तलवारों से अंदाज़ा नहीं होता

वहीं पर किश्तियाँ डूबीं जहाँ ख़ामोश था दरिया
कभी गहराई का धारों से अंदाज़ा नहीं होता

जो पूछा कितने दिन से हैं तेरे पाँवों में ज़ंजीरें
कहा, क्या इनकी झंकारों से अंदाज़ा नहीं होता?

गिरे दैरो-हरम कितने हमें मालूम है लेकिन
मरे कितने, ये अख़बारों से अंदाज़ा नहीं होता

उलझ कर देख ले कोई मेरा घर एक है सारा
कभी रंजिश का दीवारों से अंदाज़ा नहीं होता

हम अपने पेट की सिलवट क़रीब आते तो दिखलाते
उन ऊँचे-ऊँचे चौबारों से अंदाज़ा नहीं होता

कभी फुटपाथ पर आओ शहर की कम-नसीबी का
कि ज़रदारों के गलियारों से अंदाज़ा नहीं होता

सियासत इस बरस खेलेगी किस 'मासूम' के ख़ूँ से
ये गिरती उठती मीनारों से अंदाज़ा नहीं होता

∼∼

निगेहबाँ कुछ, निज़ामे-गुलसिताँ कुछ और कहता है
परिन्दा कुछ, शजर कुछ, आशियाँ कुछ और कहता है

है दावा राहबर का शर्तिया मंज़िल पै पहुँचूँगा
मगर हमदम गुबारे-कारवाँ कुछ और कहता है

तेरी बस्ती में सब महफ़ूज़ हैं, मैं मान तो लेता
मगर दर-दर पै आतिश का निशाँ कुछ और कहता है

तेरी ज़ुल्फ़ें भी सुलझाना ज़रूरी हैं मेरे हमदम
तक़ाज़ा भूख का लेकिन यहाँ कुछ और कहता है

सबा से ताज़गी गुन्चों से रौनक़ गुल से बू ग़ायब
चमन का हाल कुछ है बाग़बाँ कुछ और कहता है

मैं मस्जिद की बता या मयक़दे की बात सच मानूँ
ऐ वाईज़, तू यहाँ कुछ और वहाँ कुछ और कहता है

मेरा हमदम बड़ा 'मासूम' है जो देखता कुछ है
सुनाता है तो नादाँ दास्ताँ कुछ और कहता है

जावेद 'शोहरत'

रोशनी का न धुएँ का ही पता देता है
कोई ख़्वाबों के महल यूँ भी जला देता है

आ कि फिर अहदे-मुलाक़ात की तजदीद करें
इतनी जल्दी कोई अपनों को भुला देता है

हम कहाँ जाएँगे जज़्बात का शीशा लेकर
लफ़्ज़ पत्थर का तो हर शख़्स चला देता है

उनकी आँखों के समन्दर पे ज़रा गौर करो
दो किनारों को जो आपस में मिला देता है

दिल वो टूटा हुआ मन्दिर है किसी बस्ती का
जिसको ख़ुद उसका पुजारी ही गिरा देता है

हमने तो घर की वो दीवार भी ऊँची कर दी
अब तो बेकार वो 'शोहरत' को सदा देता है

~

पत्थर बना दिया तो मिली ये सज़ा मुझे
चुपके से सँगतराश उठा ले गया मुझे

खुशबू में डूब जाएँगी यादों की डालियाँ
होंठों पे फूल रख के कभी सोचना मुझे

पानी ख़रीदने लगे बादल भी आज कल
बारिश में भीगना भी लगा बे-मज़ा मुझे

घर में हों जब चिराग़ तो फिर आँधियाँ भी हों
लेना पड़ा दबाव में ये फ़ैसला मुझे

तकिये के नीचे मैं तो ग़ज़ल रख के सो गया
आँखें खुलीं तो आप का चेहरा मिला मुझे

हाथों की कुछ लकीरें बदलती हुई मिलीं
लगता है उसने ख़्वाब में कल छू लिया मुझे

मुस्तहसन 'अज़्म'

~~

निगाहों में सपना सजा कर तो देखो
इरादे को मक़सद बना कर तो देखो

किनारे पे रहकर किसे क्या मिला है
ज़रा बीच सागर में जाकर तो देखो

मुहब्बत के जज़्बे में ताक़त है कितनी
दिलों में ये जज़्बा जगाकर तो देखो

जवानो! सदाक़त का परचम पड़ा है
उठा लो ये परचम उठा कर तो देखो

सितारों से आगे है मंज़िल तुम्हारी
ज़रा हौसले को जगा कर तो देखो

वफ़ाओं को मतलब समझते रहे तुम
ज़रा 'अज़्म' ख़ुद को झुका कर तो देखो

~~

दिल के ख़िलाफ़ चल न अना के ख़िलाफ़ चल
कुछ कर गुज़रना हो तो हवा के ख़िलाफ़ चल

ख़ुश-फ़हमियों के लुत्फ़ में मंज़िल मिली किसे
वहमो-गुमानो-सब्रो-अता के ख़िलाफ़ चल

करता रहे जो सब का तेरे सामने गिला
तू ऐसे शख़्से-दोस्त-नुमा के ख़िलाफ़ चल

दुनिया में अहले-दिल की मुरव्वत नहीं रहीं
कुछ दुनियादारी सीख वफ़ा के ख़िलाफ़ चल

जिससे हरेक सू बढ़े ज़ुल्मत की रोशनी
पग-पग पे ऐसे नूरो-ज़िया के ख़िलाफ़ चल

कोहे-निदा के ख़ौफ़ से बाहर निकल ज़रा
जीवन को दे दे तूल बला के ख़िलाफ़ चल

बच्चे हुए जवान जवानी नहीं रही
अब तो तिलिस्मे-होशरुबा के ख़िलाफ़ चल

बुज़दिल बनेगा 'अज़्म' तो पग-पग पे मौत है
जीना है बावले तो असा के ख़िलाफ़ चल

'जलीस' नजीबाबादी

~~

ख़्वाब और ताबीर में रिश्ता कहाँ से आ गया
वो बरसती रात में तनहा कहाँ से आ गया

इससे पहले तो उसे रोते हुए देखा न था
बर्फ़ की चट्टान में शोला कहाँ से आ गया

कल भी शायद बस से ख़ाली हाथ उतरे ज़र्द धूप
नींद से पहले ये अंदेशा कहाँ से आ गया

सो गए बच्चे खिलौनों की तमन्ना ओढ़कर
शाम ही से घर में सन्नाटा कहाँ से आ गया

मेरा 'मैं' दफ़्तर की कोहना फाइलों में ग़र्क़ था
लॉन में कुमरी का ये जोड़ा कहाँ से आ गया

∼∼

भटक रही है जंगल-जंगल बस्ती-बस्ती शाम
तेरे मेरे ख़ाबों जैसी बिखरी-बिखरी शाम

बुझी बुझी-सी, थकी-थकी सी सहमी-सहमी शाम
दुश्मन के नरग़ों[1] में बेघर शहज़ादी सी शाम

सर्द हवा बेदर्द शिकारी, घायल पंछी शाम
ऐसे मंज़र से तो अच्छी अपने घर की शाम

खिड़की में रखे थे प्यासे नैनों के कशकोल[2]
दिन का बोझ उठाए दफ़्तर से लौटेगी शाम

तनहा तनहा कमरे में सन्नाटों के आसेब[3]
दरवाज़े पर फन फैलाए नागिन जैसी शाम

रंगो-नूर का मौसम ठैरा गई रुतों की बात
अन्देशों में उलझा दिन, सोचों में डूबी शाम

अश्कों की शबनम में डूबी रूप की चढ़ती धूप
जाने उसमें किसने रख दी एक सुलगती शाम

---

1. घेरे 2. भिक्षा-पात्र 3. भूत-प्रेत

ज़हीर क़ुरेशी

~~

दृश्य उड़ते विमान से देखा
बाढ़ को इत्मीनान से देखा

उसने सत्ता के अश्व पर चढ़कर
जो भी देखा, वो शान से देखा

मेरी आँखें चली गईं जब से
मैंने दुनिया को कान से देखा

फ़ाइलों ने विकास का चेहरा
आँकड़ों की ज़ुबान से देखा

मैंने दिन भर की उसकी मेहनत को
रात भर की थकान से देखा

सेठ साहब ने झोंपड़ी का क़द
अपने ऊँचे मकान से देखा

तीर होने का तब ही अर्थ हुआ
तीर ने जब कमान से देखा

~~

हर खुशी की आँख में आँसू मिले
एक ही सिक्के के दो पहलू मिले

कौन अपनाता मिला दुर्गंध को
हर किसी की चाह है, खुशबू मिले

अपने-अपने हौसले की बात है
सूर्य से भिड़ते हुए जुगनू मिले

रेत से भी तो निकल सकता है तेल
चाहता है वो, कहीं बालू मिले

आँकिए उन्माद मत तूफ़ान का
सैकड़ों उखड़े हुए तम्बू मिले

जिसने दाना डाल कर पकड़ी बटेर
हाँ, उसी की जेब में चाकू मिले

नाव को खेना तभी संभव हुआ
जब किसी मल्लाह को चप्पू मिले

शैलजा नरहरि

~

वक़्त जो भी उड़ान में बीता
कितनी कितनी थकान में बीता

फ़ासला था हमारे मिलने में
वक़्त तो इक मकान में बीता

मेहरबानी तो खुदा ने कम ही की
वक़्त बीता जहान में बीता

अनकही अनसुनी थीं तक़रीरें
वक़्त वैसे बयान में बीता

क़हक़हों, शोर में रहे तनहा
वक़्त अमनो-अमान में बीता

मुझसे पूछेगा मेरी मर्ज़ी वो
वक़्त इस इत्मीनान में बीता

~~

फ़िक्र, अहसास खो गया होगा
चलते चलते वो सो गया होगा

वादियों में भटकता फिरता था
अब तलक पेड़ हो गया होगा

उसको बादल बना के भेजा था
दिल की आँखें भिगो गया होगा

नाख़ुदा ने उसे सँभाला था
उसको साहिल डुबो गया होगा

भीड़ में तो सँभल के चलता था
वह अकेले में खो गया होगा

कुमार रवीन्द्र

~~

आँगन में धूप ढल गई, हम देखते रहे
बीमार शमअ जल गई, हम देखते रहे

सारे शहर में आग की ख़बरें गरम हुई
गोली गली में चल गई, हम देखते रहे

जिस रोशनी को लाए थे बरसों के बाद हम
घर छोड़ कर निकल गई, हम देखते रहे

सड़कों पे खड़ी भीड़ ने रातों से की सुलह
सारी सुबह कुचल गई, हम देखते रहे

सोचा था देंगी हमको सहारा ये पत्तियाँ
जड़ बरगदों की गल गई, हम देखते रहे

~~

फिर किसी ने ग़ज़ल सुनाई है
धूप परबत पे निकल आई है

लो, किसी पद्मिनी का ज़िक्र हुआ
यह उसी रूप की लुनाई है

गुनगुनाते उतर रहे झरने
बीन किसने उधर बजाई है

आह भर कर हवा हुई चुप है
चोट गहरी किसी ने खाई है

देखिए तो, पिघल रहे पत्थर
पीर उनकी नहीं, पराई है

दिल में तस्वीर इक उभरती है
किस फ़रिश्ते ने यह बनाई है

पुल सुरों का किसी ने बाँधा है
झील में नाव थरथराई है

इश्क़ को जिस्म है दिया जिसने
आँख में सबके वह समाई है

ओमप्रकाश 'यती'

इस तरह कब तक हँसेगा-गाएगा
एक दिन बच्चा बड़ा हो जाएगा

आ गया वह फिर खिलौने बेचने
सारे बच्चों को रुलाकर जाएगा

हर समय ईमानदारी की ही बात
एक दिन यह आदमी पछताएगा

फ़ाइलें यदि मेज़ पर ठहरें नहीं
दफ़्तरों के हाथ क्या लग पाएगा!

रेस जीतेंगी यहाँ बैसाखियाँ
पाँव वाला दौड़ता रह जाएगा

~~

कुछ नमक से भरी थैलियाँ खोलिए
फिर मेरे घाव की पट्टियाँ खोलिए

मेरे पर तो कतर ही दिए आपने
अब तो पैरों की ये रस्सियाँ खोलिए

पहले आहट को पहचानिए तो सही
जल्दबाज़ी में मत खिड़कियाँ खोलिए

भेज सकता है काग़ज़ के बम भी कोई
ऐसे झटके से मत चिट्ठियाँ खोलिए

जिसको बिकना है चुपके से बिक जाएगा
यूँ खुलेआम मत मण्डियाँ खोलिए

'बिल्क़ीस' ज़फ़ीरुल हसन

~~

मेरी हथेली में लिक्खा हुआ दिखाई दे
वह शख़्स[1] मुझको बरंग-ए-हिना[2] दिखाई दे

उसे जो देखूँ तो अपना सुराग़[3] पाऊँ मैं
उसी के नाम में अपना पता दिखाई दे

रविश-रविश[4] पे जलें उसकी आहटों से चिराग़
अजब ख़राम[5] है आवाज़[6]-ए-पा दिखाई दे

जो महरबाँ है तो क्या महरबाँ, ख़फ़ा तो ख़फ़ा
कभी-कभी तो वह बिल्कुल ख़ुदा दिखाई दे

न मेरी तरह कोई देख ले उसे 'बिल्क़ीस'
मैं क्यूँ बताऊँ मुझे उसमें क्या दिखाई दे

---

1. व्यक्ति 2. मेहँदी के रंग में रंगा हुआ 3. खोज 4. रास्ता 5. चाल 6. पाँव की आवाज़

~~

रस्म-ए-दीवाँगी[1]-ए-शौक़[2] निभा दी जाए
रोशनी हो के धुआँ आग लगा दी जाए

कौन आता है पुरसे[3] को यह देखूँ तो सही
अपने मर जाने की अफ़वाह उड़ा दी जाए

रोज़ एक जुल्म करे, रोज़ पशेमाँ[4] हो जाए
कहिए अब ऐसे को क्या कोई सज़ा दी जाए

इतनी लम्बी हो हयात[5] उसकी कि आजिज़[6] आ जाए
बद-दुआ जैसी सितमगर[7] को दुआ दी जाए

यह तो मुम्किन है कि तजदीद-ए-मुहब्बत[8] कर लें
कैसे मुम्किन है कि हर बात भुला दी जाए

ख्वाब रेज़ों[9] की खटक यूँ तो न रुलाए हमें
दायमी[10] नींद अब आँखों में बसा ली जाए

---

1. दीवानगी का रिवाज 2. मुहब्बत, इश्क़ 3. मौत हो जाने पर आना 4. शरमिन्दा
5. आयु 6. उकता जाना 7. ज़ुल्म करने वाला 8. मुहब्बत को फिर से नया करना 9. बालू
के कण 10. हमेशा

रमा सिंह

~

जब मुझे अश्कों को पीना आ गया
बस, तभी से मुझको जीना आ गया

पोंछ ले तू अश्क अब तो मुस्करा
देख साहिल पे सफ़ीना आ गया

अपने माने लफ़्ज़ खुद देने लगें
ये समझ सोने पे मीना आ गया

और भी सुन्दर लगेगा चाँद अब
मुख पे ये आँचल जो झीना आ गया

प्यार की ये आँच भी क्या आँच है
अच्छे-अच्छे को पसीना आ गया

ऐ 'रमा' जब से ग़ज़ल के साथ हूँ
बात करने का क़रीना आ गया

मुझे गहराइयाँ दी हैं, मुझे मीनार भी दी है
नज़र दी जब मुझे उसने नज़र की धार भी दी है

दिए थे हौसले उसने कि बढ़ के मंज़िलें पा लूँ
जो दीं आसानियाँ उसने तो इक दीवार भी दी है

न जाने क्या हुआ उसको जो दिल के साज़ को तोड़ा
मगर फिर प्यार से उसने नई झंकार भी दी है

हमें वो मृत्यु देता है, जिलाता है हमें वो ही
उसी ने अग्नि-वीणा की मधुर-मल्हार भी दी है

अँधेरों की नदी को भी 'रमा' अब तैर जाती है
किसी दीपक की लौ उसने उसे उस पार भी दी है

उपेन्द्र कुमार

प्यार में कौन दिल जला नहीं होता
आदमी फिर खुदा नहीं होता

फूल को फूल कैसे समझेगा
जिसको काँटा चुभा नहीं होता

कुछ तो हमसे भी हो गया शायद
वर्ना तू बेवफ़ा नहीं होता

छाँव क्या ऐसे पेड़ की, जिसका
कोई पत्ता हरा नहीं होता

कौन खो जाए किसकी बाहों में
प्यार में कुछ पता नहीं होता

मीठे शब्दों से काम लेते हैं
जिनसे कोई भला नहीं होता

राह कटती नहीं क़दम भर भी
साथ जब दूसरा नहीं होता

~~

कभी रचे थे गीत जो हमने बंजर में, वीरानों में
चर्चा आज उन्हीं की होती दुनिया के अफ़सानों में

ज़िक्र किया था उनका हमने यूँ ही बातों-बातों में
लिख डाला है नाम हमारा दुनिया ने दीवानों में

ग़ैरों की राहों से चुनना शूल समर्पित हाथों से
फूल खिला जाता है अक्सर जीवन के सुनसानों में

भटकन त्याग, छुई है देहरी किस जोगी के पाँवों ने
फिर से चाँद उतर आया है घर के रौशनदानों में

कोई है जिसने बोए हैं नफ़रत के ज़हरीले बीज
आग लगी है देखो, देखो, खेतों में खलिहानों में

जिनका ज़िक्र किया था केवल मौसम और हवाओं से
उन बातों की ख़ुशबू महकी है तेरी मुस्कानों में

तुमसे बिछड़े तो सच मानो गुमसुम मन का फूल रहा
और निरन्तर रहे भटकते हरे भरे बाग़ानों में

कैसी है तहज़ीब कि इनको ले आई बाज़ारों में
वर्ना पेड़ों की तो पूजा होती थी इंसानों में

वो बस्ती क्या छूटी हमसे अपना घर भी छूट गया
बस कर भी हम बस न सके शहरों के बड़े मकानों में

छोड़ किनारे धारों के संग जिनको सुनकर लोग बहे
जाने कितना दर्द भरा था मल्लाहों की तानों में

प्रदीप जैन 'दीप'

~

मेरी आँखों में ढूँढते हो क्या
खुद से मिलकर बिछड़ गए हो क्या

धड़कनें हैं कि बज रहा है साज़
तुम कहीं गुनगुना रहे हो क्या

किस क़दर एतमाद है खुद पर
रोज़ आईना देखते हो क्या

सबसे मिलते हो एहतियात के साथ
तुम कभी दूध से जले हो क्या

आज साँसें धुली-धुली सी हैं
आज जी भर के रो लिए हो क्या

~~

दिल को ये अहसास दिलाना पड़ता है
ख़ामोशी को बात बनाना पड़ता है

ख़ुश्बू को आवाज़ लगाने से पहले
बाग़ में कोई फूल खिलाना पड़ता है

चाँद की परछाई थाली में दिखलाकर
बच्चों को यूँ भी बहलाना पड़ता है

रिश्ते कुछ दूरी तक साथ निभाते हैं
एक न इक दिन हाथ छुड़ाना पड़ता है

कुछ रिश्ते ऐसे भी तो बन जाते हैं
लोगों को जाकर समझाना पड़ता है

किशन तिवारी

~~

सामने तन के जिस दिन खड़ी हो गई
एक पर्वत से राई बड़ी हो गई

था वहम पाँव में बेड़ियों सा पड़ा
मन का डर हाथ की हथकड़ी हो गई

बाजुओं में था दम, पर अंगूठे कटे
रोशनी जैसे बाराखड़ी हो गई

बैठकर योजनाएँ महल में बनी
भस्म बस्ती की हर झोंपड़ी हो गई

ये ज़मीं आसमाँ थे सभी के लिए
सीधे लोगों से धोखा-धड़ी हो गई

हाथ लहराए फिर मुट्ठियाँ तन गई
डर मिटा फिर खुशी हर घड़ी हो गई

≈≈

दो रुख़ की है तस्वीर घुमाकर तो देखिए
ख़ुद की कहानी, ख़ुद को सुनाकर तो देखिए

है अम्न आपके लिए मिट्टी का खिलौना
तोड़ा है कई बार, बनाकर तो देखिए

नदियाँ बहा के ख़ून की इतिहास रच दिया
आँसू की एक बूँद गिरा कर तो देखिए

पाले हुए ये सारे भरम टूट जाएँगे
ख़ुद आइनों से आँख लड़ाकर तो देखिए

इन रास्तों पे भीड़ है, मंज़िल नहीं पता
ख़ुद अपनी एक राह बना कर तो देखिए

धरती ये चूम लेगी आसमान एक दिन
इस स्वप्न को आँखों में बसाकर तो देखिए

रसूल अहमद साग़र 'बक़ाई'

~~

नफ़रतों की आग में यूँ बस्तियाँ रख दी गईं
घास पर जलती हुई ज्यों तीलियाँ रख दी गईं

मंदिरों से मस्जिदों तक का सफ़र कुछ भी न था
बस हमारे ही दिलों में दूरियाँ रख दी गईं

हिन्दू-मुस्लिम ने कभी जब एकता का मन किया
धर्म की दोनों तरफ़ बारीकियाँ रख दी गईं

हक़ में लीडर के हमेशा हर बजट आता रहा
मुफ़लिसों के रूबरू मजबूरियाँ रख दी गईं

मैंने छेड़ी जंग जब भी माफ़ियाओं के ख़िलाफ़
मेरे सीने पर तभी कुछ बरछियाँ रख दी गईं

लिख रहा था वो सियासत की हक़ीक़त इसलिए
काटकर उसकी सरासर उँगलियाँ रख दी गईं

हो गए 'साग़र' उजाले रौशनी वालों के नाम
मेरे हिस्से में सभी तारीकियाँ रख दी गईं

~∽~

सारे शहर में अम्न का चरचा रहा बहुत
फिर भी घरों में आदमी डरता रहा बहुत

वो रहनुमा ही अपना वतन लूटने लगे
जिनकी वफ़ा पे हमको भरोसा रहा बहुत

कहने को मेरे साथ चले थे तमाम लोग
लेकिन सफ़र में दोस्त, मैं तन्हा रहा बहुत

क़द उसका बढ़ सका न तअस्सुब के गाँव में
सबसे बड़ा था फिर भी वो छोटा रहा बहुत

आज़ादी-ए-वतन की जो लेकर चले मशाल
उनके ही आशियाँ में अँधेरा रहा बहुत

हैरत है वो ही ख़ून का प्यासा हुआ है आज
कल तक जो बेकसों का मसीहा रहा बहुत

'सागर' के हौसलों में न आई कोई कमी
यूँ तो ख़िलाफ़ उसके ज़माना रहा बहुत

संदीप गुप्ते

~~

दूर तक फैला नहीं दिल का धुआँ, अच्छा हुआ
फिर सिमट आयीं मुझी में आंधियाँ, अच्छा हुआ

रंग ले आयीं मेरी मदहोशियाँ, अच्छा हुआ
होश में आने लगा सारा जहाँ, अच्छा हुआ

क्या ग़ज़ब होता अगर वो आज़माता ज़िद मेरी
झुक गया ख़ुद ही ज़मीं पर आसमाँ, अच्छा हुआ

चार पल थे वस्ल के, दो-चार घड़ियाँ प्यार की
ज़िन्दगी गुज़री इन्हीं के दरमियाँ, अच्छा हुआ

दिल की बातें बोल पाना वैसे भी मुमकिन न था
कह गयीं सब कुछ तेरी ख़ामोशियाँ, अच्छा हुआ

हर हक़ीक़त मेरे ख़्वाबों से ही टकराती रही
साथ मेरे थे कई वहमो-गुमाँ, अच्छा हुआ

आँधियाँ आयीं, उठा कर ले गयीं सब बस्तियाँ
मैंने इक दिल में बनाया था मकाँ, अच्छा हुआ

थी बड़ी ग़मगीन, आँसू रोक कर 'संदीप' ने
हँसते-हँसते ही सुना दी दास्ताँ, अच्छा हुआ

~~

कोई भी मिलता नहीं क्यों होश में
ज़िन्दगी क्या है तेरे आग़ोश में

दिल की बेताबी बयाँ होने लगी
क्या छुपाया है लबे-ख़ामोश में

फ़लसफ़ा है, इल्म है, तख़लीक़ है
एक अपना ही नशा है होश में

वो मेरे अन्दाज़ से वाक़िफ़ न था
उसने मुझको आज़माया जोश में

मिल गया मुझको सुकूँ 'संदीप' अब
ऐ ग़ज़ल, मैं हूँ तेरे आग़ोश में

ओमप्रकाश 'नदीम'

~~

कैसे तय हो कौन बुरा है, किसका मस्लक अच्छा है
सबकी अपनी-अपनी मंज़िल अपना-अपना रस्ता है

मौसम के बल पर ऊँचाई पाने वाले बादल को
मौसम रुख़ बदले तो पानी-पानी होना पड़ता है

यूँ मेरे विश्वास का शीशा चकनाचूर नहीं होता
तुमने उसको तोड़ा फिर उसके टुकड़ों को तोड़ा है

एक आँधी में इतने पेड़ उखड़ते देखे हैं मैंने
अब पत्ता भी हिलता है तो मेरा दिल काँप उठता है

मेरे अन्दर एक मुख़ालिफ़ था जो मुझसे लड़ता था
अब या तो वो चुप रहता है या हाँ में हाँ करता है

हमने परबत के सीने पर इतने परचम लहराए
फिर भी ये एहसास है वाक़ई परबत हम से ऊँचा है

~~

पहले मेरे सुर्ख़रूपन को ख़िज़ाएँ ले गईं
और फिर पत्तों को पतझड़ की हवाएँ ले गईं

रात जो दिल पर जमे थे यास के क़तरे उन्हें
सुब्ह बेदारी के सूरज की शुआएँ ले गईं

कुछ उमीदें बँध गई थीं बादलों की डोर से
वो उमीदें भी बिना बरसे घटाएँ ले गईं

रोशनी के गीत गाते थे फ़सीलों के चराग़
मस्लहत की आँधियाँ उनकी सदाएँ ले गईं

उस ज़माने के ख़लीलों को कहाँ ढूँढें 'नदीम'
चोंच में उनको दबाकर फ़ाख़्ताएँ ले गईं

महाश्वेता चतुर्वेदी

~~

सिर्फ़ तेरे ही ख़ाब माँगे है
दिल बस एक माहताब माँगे है

आप के दर पे प्यार की दौलत
दिल मेरा बेहिसाब माँगे है

हुस्न जब बेख़ुदी में होता है
खुद ही अपना जवाब माँगे है

पहले करता है बेहिसाब गुनाह
फिर गुनह का सवाब माँगे है

सैकड़ों जुल्म जिस पे कर डाले
बस उसी से हिसाब माँगे है

सिलसिला है अजीब ख़्वाहिश का
जो न जाए शबाब माँगे है

'श्वेता' मन इस क़दर है मासूम
स्वप्न का आफ़ताब माँगे है

~~

दिखाई पड़ेगी उसे क्या भलाई
बसी है निगाहों में जिसके बुराई

हमारे करम भी हुए बेवफ़ाई
अदा बेरुख़ी की भी उनकी खुदाई

सदाओं की हद से जो आगे हैं उनको
ज़माने की आवाज़ क्या दे सुनाई

बुतों में कभी ज़िन्दगी ढूँढते हैं
हुई ज़िन्दगी से कहीं आशनाई

फ़क़त खेल सारा यह मन का रचा है
कहीं बेरुख़ी तो कहीं दिल रुबाई

न करना कभी उन पे विश्वास 'श्वेता'
दिखाता है जिनके लिए पारसाई

दीक्षित दनकौरी

~~

मुद्दआ बयान हो गया
सर लहूलुहान हो गया

क़ैद से रिहाई क्या मिली
तंग आसमान हो गया

तेरे सिर्फ़ इक बयान से
कोई बेज़ुबान हो गया

छिन गया लो काग़ज़े-हयात
ख़त्म इम्तिहान हो गया

रख गया गुलाब क़ब्र पर
कौन क़द्रदान हो गया

~~

आग सीने में दबाए रखिए
लब पे मुस्कान सजाए रखिए

जिससे दब जाएँ कराहें घर की
कुछ न कुछ शोर मचाए रखिए

ग़ैर मुमकिन है पहुँचना उन तक
उनकी यादों को बचाए रखिए

जाग जाएगा तो हक़ माँगेगा
सोए इंसाँ को सुलाए रखिए

ज़ुल्म की रात भी कट जाएगी
आस का दीप जलाए रखिए

कुछ चर्चित शे'र

शहर में सब ही मानते हैं हमें
कैसे-कैसे मुग़ालते हैं हमें

—नूर तक़ी 'नूर'

जो देखता हूँ वहीं बोलने का आदी हूँ
मैं अपने शहर का सबसे बड़ा फ़सादी हूँ

—शकील शाह

वो अब तिजारती पहलू निकाल लेता है
मैं कुछ कहूँ तो तराजू निकाल लेता है

—अहमद क़माल 'परवाज़ी'

वो झूठ बोल रहा था बड़े सलीक़े से
मैं ऐतबार न करता तो और क्या करता

—'वसीम' बरेलवी

परिन्दे भी नहीं रहते पराए आशियानों में
हमारी उम्र गुज़री है किराए के मकानों में

—मूनिस बरेलवी

तुम्हारे जिस्म हैं पत्थर के, डूब जाओगे
ये मशविरा है समुन्दर को पार मत करना

—'जख़्मी' मेरठी

तर्के-तआल्लुकात को इक लम्हा चाहिए
लेकिन तमाम उम्र मुझे सोचना पड़ा

—फ़ना निज़ामी कानपुरी

रोज़ खाली हाथ जब घर लौटकर जाता हूँ मैं
मुस्करा देते हैं बच्चे और मर जाता हूँ मैं

—राजेश रेड्डी

देखे न गए छाँव के ठिठुरे हुए बदन
आँगन तमाम धूप से भरना पड़ा मुझे

—देवेन्द्र 'माँझी'

इस तरह निश्चिन्त दफ़्तर को गए बेटा-बहू
घर में माँ ताले की सूरत और बच्चे चाबियाँ

—हरेराम 'समीप'

आपका मक़सद पुराना है मगर ख़ंजर नया
मेरी मजबूरी है यह, लाऊँ कहाँ से सर नया

—कृष्णानन्द चौबे

वो तो बता रहा था कई रोज़ का सफ़र
ज़ंजीर खींच के जो मुसाफ़िर उतर गया

—'होश' नोमानी

ये तेरी आँख के तेवर बता रहे हैं मुझे
कोई तो बात तुझे नागवार गुज़री है

—दास चतुर्वेदी

फिर यूँ हुआ, किसी ने बिठाया न पास में
पैबन्द लग चुके थे हमारे लिबास में

—राजा आदिल

नुमाइश तो गुलाबों की है लेकिन
फ़ज़ा से ख़ून की बू आ रही है

—होश नोमानी

लाख बेजान सही उसका भी मन दुखता है
खून नाहक हो तो ख़ंजर का बदन दुखता है

—'पारस' बहराइची

रंग का डिब्बा उठा लेने की इक सादा सी भूल
घर के बाहर खेलते बच्चे के चिथड़े उड़ गए

—निश्तर ख़ानक़ाही

आँधी को ये गुमान कि बस इक शजर गया
लेकिन न जाने कितने परिन्दों का घर गया

—राजेश रेड्डी

सिर्फ़ साँसों का ख़ज़ाना है ख़ज़ाना ऐसा
ख़त्म करके ही मरा करता है जीने वाला

—मुनव्वर अली 'ताज'

परिन्दों में तो ये फ़िरकापरस्ती भी नहीं देखी
कभी मन्दिर पे जा बैठे, कभी मस्जिद पे जा बैठे

—नूर तक़ी 'नूर'

देखिए अहले-सियासत की सियासत देखिए
शेख़ से मस्जिद गई, पण्डित से बुतख़ाना गया

—रौशनचन्द 'तालिब'

जहाँ में कोई हमें प्यार के क़ाबिल नहीं मिलता
कोई दिल से नहीं मिलता, किसी से दिल नहीं मिलता

—दास चतुर्वेदी

दर अस्ल वे साबित हुए बिखरे हुए पन्ने
जो ख़ुद को कह रहे थे मुकम्मल किताब हैं

—कृष्णानंद चौबे

लोगों ने बढ़ा दी हैं इधर ज़िम्मेदारियाँ
हम पहले इक चराग़ थे, अब आफ़ताब हैं

—कृष्णानन्द चौबे

बादशाहों का इंतज़ार करें
इतनी फ़ुरसत कहाँ फ़क़ीरों को

—नवाज़ देवबंदी

यह सियासत की तवायफ़ का दुपट्टा है
ये किसी के आँसुओं से तर नहीं होता

—शिव ओम अंबर

राजपथ पर जब कभी जयघोष होता है
आदमी फुटपाथ पर बेहोश होता है

—बशीर अहमद 'मयूख'

जब अमीरी में मुझे, ग़ुर्बत के दिन याद आ गए
कार में बैठा हुआ, पैदल सफ़र करता रहा

—विजेन्द्र सिंह 'परवाज़'

तमाम दिन जो कड़ी धूप में झुलसते हैं
वही दरख़्त मुसाफ़िर को छाँव देते हैं

—बुद्धिसेन शर्मा